加拿大移民留学专家导航

孟繁辉 ◎ 著

海峡出版发行集团　鹭江出版社

图书在版编目（CIP）数据

加拿大移民留学专家导航/孟繁辉著．—厦门：鹭江出版社，2012.3
ISBN 978-7-5459-0444-4

Ⅰ.加… Ⅱ.孟… Ⅲ.①留学生教育－基本知识－加拿大②移民－基本知识－加拿大　Ⅳ.① G649.711.8 ② D771.138

中国版本图书馆 CIP 数据核字（2011）第 271243 号

加拿大移民留学专家导航

孟繁辉　著

责任编辑／杨玉琼
特约编辑／卢风保
出　　版／鹭江出版社
地　　址／厦门市湖明路 22 号
邮　　编／361004
电　　话／0592-5046666　　0591-87539330
　　　　　010-62376499（编辑部）　010-65921349（发行部）
印　　刷／廊坊市华玺印务有限公司
规　　格／787 毫米 ×1092 毫米　1/16
印　　张／16
字　　数／261 千字　插图 131 幅
印　　次／2012 年 3 月第 1 版第 1 次印刷
书　　号／ISBN 978-7-5459-0444-4/G·228
定　　价／42.00 元

（如有印装错误，请寄印刷厂调换或致电鹭江出版社）

前言

  加拿大已连续多年被联合国评选为世界上"最适宜人类居住的国家"。加拿大对新移民一贯持欢迎态度，为他们提供理想的环境和平等的机遇，这使新移民不断发展兴旺。几个世纪以来，加拿大对世界敞开大门，首先是欧洲人的移入，近年来亚洲人，特别是华人，络绎不绝地移居这里。对于很多人来说，"Canada"这个名字赋予他们无限遐想：她到底拥有什么内蕴使得人们如此青睐？

  北京加中寰球投资咨询有限公司是办理加拿大移民的专业机构，是意欲来北美大陆发展的中国商业人士和专业技术人员通向成功的坚实桥梁。本公司加籍专业服务人员已成功地帮助数以万计的企业家、专业技术人员在美丽的枫叶之国加拿大定居和开创崭新的生活。

  作为专业办理加拿大移民的咨询服务机构，我们已经无数次地回答过下列问题：我有资格成为加拿大的永久居民吗？加拿大移民政策有什么新动向？申请获准之后，如何在加拿大开始新生活？我将面对哪些问题和困难？我如何制订长期计划？入境后，我能从加拿大移民到美国吗？等等。

  本公司的加籍专家不仅在加拿大移民法规方面向客户作出咨询指导，分析他们是否符合法规要求，并为客户完成移民申请，也给客户提供尽可能充足的信息，使他们了解新移民入境后所面对的各种新问题和挑战，指导他们如何成功地在加拿大谋求更好的发展。除了面对面地为客户提供咨询和指导以外，早在1999年，我们依

移民留学专家导航

据多年办案经验,从专业公司的独特视角,为广大有意获得加拿大永久居民身份及想去那里学习的朋友编写了《加拿大移民留学全程导航》一书,力求全面翔实地介绍有关加拿大国情和移民留学事宜。

近年来,加拿大移民的政策、法规和种种主客观条件都发生了巨大变化,为了适应新的形势,本书做了一次全面的更新改写,亦将书名变更为《加拿大移民留学专家导航》。本书涵盖了加拿大概况、加拿大最新移民法规与政策、加拿大教育等大家关心的方方面面的问题,同时,提供了美国移民项目介绍和去美国留学的信息供读者参考。在本书中,根据我们从事加拿大移民业务十几年的经验,对办理加拿大移民的中国人提出了中肯的建议。我们相信,我们所掌握的知识和积累的经验能够使任何一位有志于赴加拿大发展的人受益,希望这本书能对大家提供切实的帮助。

孟繁辉

2011年12月

目　　录

第1章　移民之国——加拿大 1
　一　加拿大是由移民构成的国家 2
　二　移民是加拿大的一项基本国策 5
　三　近年来移民趋势的分析 6
　　　1. 移民的侧重点发生较大变化 6
　　　2. 中国（大陆）移加人数名列前茅 7
　　　3. 未来移民政策及走向 8

第2章　加拿大永久居民及公民 9
　一　加拿大永久居民 9
　　　1. 什么是永久居民 9
　　　2. 获得永久居民身份的途径 10
　二　加拿大公民 12
　　　1. 申请公民身份的资格和条件 13
　　　2. 申请成为加拿大公民的程序 13
　三　永久居民和公民的区别 15

第3章　申请加拿大永久居民身份的十大理由 17
　一　世界上"最适合人类居住的地方" 17
　　　1. 自然风光美不胜收 17
　　　2. 地大物博，资源丰富 21
　　　3. 经济、科技发达 22
　二　完善的社会福利与社会保障体系 24
　　　1. 老年人生活无忧 24
　　　2. 中青年享有就业保险 25
　　　3. 养育少年儿童得到政府的补贴 26
　　　4. 完善的医疗保健系统 26

- 三 安定的社会秩序 ... 27
- 四 在多元的文化中潇洒自如地生活 ... 28
- 五 休养生息的天堂 ... 30
- 六 给孩子一个快乐的童年 ... 32
- 七 让孩子享受真正的免费教育，使孩子成为国际化人才 ... 33
- 八 拥有"世界通行证" ... 34
- 九 发现新的成功机会 ... 36
- 十 投资移民可未雨绸缪，分散投资风险 ... 36

第4章 加拿大商业移民 ... 37

- 一 投资移民 ... 37
  1. 联邦投资移民 ... 38
  2. 魁北克省投资移民 ... 40
- 二 企业家移民 ... 44
  1. 基本条件 ... 44
  2. 附加条件的永久居民签证 ... 45
  3. 附加条件的取消 ... 45
  4. 投资移民和企业家移民之间的异同 ... 45
- 三 自雇移民 ... 46
  1. 自雇移民的类别和基本条件 ... 47
  2. 申请费用 ... 48
  3. 自雇移民的评分标准 ... 48

第5章 加拿大省政府提名项目 ... 51

- 一 萨斯喀彻温省提名项目 ... 52
  1. 萨省简介 ... 52
  2. 萨省提名项目介绍 ... 54
  3. 萨省优势 ... 56
  4. 申请流程 ... 58
- 二 曼尼托巴省商业移民提名项目 ... 58
  1. 曼省简介 ... 58

  2. 项目简介 59
  3. 申请条件及要求 59
  4. 申请程序 60
  5. 基本费用 60
  6. 曼省商业移民提名项目的优势 60
 三 爱德华王子岛省提名项目 61
  1. 爱德华王子岛省简介 61
  2. 爱德华王子岛提名项目介绍 62
 四 不列颠哥伦比亚（BC）省提名项目 63
  1. BC省简介 63
  2. BC省提名项目 65
  3. 申请流程 67
  4. 申请BC省投资移民的利与弊 68
 五 纽布郎斯威克（NB）省项目 69
  1. NB省简介 69
  2. NB省提名项目介绍 69
  3. 申请流程 70
 六 安大略省省政府提名（试行计划）项目 70

第6章　加拿大技术移民、工作签证与住家护理员 75
 一 加拿大联邦技术移民 75
  1. 联邦技术移民法规、标准及近十年的演变 75
  2. 2008年增加了以紧缺职业为先决条件的资格审核规定 76
  3. 联邦技术移民审核计分办法 78
  4. 计分审核法对中国申请人的影响因素分析 79
  5. 申请费用 81
  6. 总结 82
 二 加拿大经验类移民 82
  1. 申请加拿大经验类移民的要求 82
  2. 经验类移民对留学生的最低要求 83
  3. 经验类移民对技术工人的最低要求 83

三 加拿大魁北克省技术移民 ……………………………………… 85
   1. 魁北克省技术移民的评审要素 ………………………………… 85
   2. 魁北克省技术移民申请程序 …………………………………… 86
   3. 魁北克省技术移民申请费用 …………………………………… 86

四 工作签证 ………………………………………………………… 87

五 住家护理员项目 ………………………………………………… 89
   1. 项目简介 ………………………………………………………… 89
   2. 住家护理员的申请资格 ………………………………………… 91
   3. 住家护理员申请工作签证的要求及程序 ……………………… 92
   4. 项目优势 ………………………………………………………… 93

第7章 家庭团聚类移民 …………………………………………… 95

一 申请人资格 ……………………………………………………… 95

二 申请材料和程序 ………………………………………………… 98

三 对担保人的经济能力和工作背景的要求 ……………………… 99

四 申请费用 ………………………………………………………… 100

五 某些省份的特殊规定 …………………………………………… 100

第8章 申请材料、过程、面试及上诉程序 …………………… 101

一 申请中材料的准备和应注意的问题 …………………………… 101
   1. 主要申请材料 …………………………………………………… 101
   2. 对移民申请材料的基本要求 …………………………………… 103
   3. 关于移民代理人 ………………………………………………… 104
   4. 投资移民申请材料的准备 ……………………………………… 105
   5. 移民申请过程 …………………………………………………… 106
   6. 加拿大联邦移民申请程序 ……………………………………… 106
   7. 申请过程中及入境前应注意的重要问题 ……………………… 107
   8. 技术移民的语言考试与免面试问题 …………………………… 108

二 移民拒签案的法律诉讼 ………………………………………… 109

第9章　出境前的准备和出入境须知 ……………………………………………… 113
一　出境前的准备 ……………………………………………………………… 113
1. 出境前应注意的重要问题 ………………………………………………… 113
2. 文件准备及注意事项 ……………………………………………………… 113
3. 外汇准备 …………………………………………………………………… 114
4. 常用物品准备 ……………………………………………………………… 114

二　乘机和出关须知 …………………………………………………………… 116
1. 乘机前的准备 ……………………………………………………………… 116
2. 出关离境及登记手续 ……………………………………………………… 116

三　入关及入关手续 …………………………………………………………… 117
1. 入关 ………………………………………………………………………… 117
2. 办理新移民入境手续 ……………………………………………………… 117

四　一家人分批入境须知 ……………………………………………………… 118

第10章　入境安置 ………………………………………………………………… 121
一　登陆后必办的手续 ………………………………………………………… 121
1. 新移民登陆手续 …………………………………………………………… 121
2. 申请永久居民卡（枫叶卡） ……………………………………………… 122
3. 申请社会保险号 …………………………………………………………… 123
4. 申请医疗保险卡 …………………………………………………………… 124
5. 银行服务 …………………………………………………………………… 126
6. 18岁以下子女申请"牛奶金"补助 ………………………………………… 129

二　加拿大的社会生活 ………………………………………………………… 130
1. 加拿大的交通 ……………………………………………………………… 130
2. 租车和买车 ………………………………………………………………… 132
3. 购物 ………………………………………………………………………… 134
4. 电话与通信 ………………………………………………………………… 136

三　在加拿大安顿和置业 ……………………………………………………… 138
1. 租房 ………………………………………………………………………… 138
2. 买房 ………………………………………………………………………… 140

第11章　寻求新的发展机会 143
一　华人在加拿大的社会角色 143
1. 华裔伍冰志女士宣誓就任加拿大总督 143
2. 移加华人地位的变化 145
3. 华人移民的中西桥梁作用 147
4. 旅加华裔的作用日益突出 148

二　求职——寻找工作和发展机会 149
1. 报纸和杂志的分类广告及网络求职 150
2. 政府部门服务和专业职业介绍所 150
3. 还可以考虑到美国寻找更多的就业机会 151
4. 对新移民求职的调查和问题分析 151
5. 加拿大技术移民就业协助项目 153

三　经商——注册自己的公司 154
1. 华人在加拿大经常从事的商业领域 156
2. 在加拿大注册公司 163
3. 进出口业务须知 166
4. 两个特殊问题 168

第12章　加拿大的教育 169
一　中小学教育 169
二　高等教育 170
三　与中国迥然不同的加拿大高等院校入学办法 172
四　新移民如何安排子女入学 174
五　奖学金及学生贷款 176
六　加拿大著名大学介绍 178
1. 多伦多大学 178
2. 麦吉尔大学 179
3. 不列颠哥伦比亚大学 180
4. 滑铁卢大学 181
5. 女王大学 181
6. 渥太华大学 183

7. 艾尔伯塔大学 184
　　8. 卡尔加里大学 184
　　9. 圭尔夫大学 185
　　10. 麦克马司特大学 186
　　11. 西安大略大学 188
　　12. 西蒙弗雷泽大学 188
　链接1：加国教育VS中国教育 189
　链接2：小留学生问题杂谈 194

第13章　留学北美 203
　一　美国高等教育 203
　二　中国教育部认可的美、加学校 204
　三　选择就读大学 205
　　1. 美国大学排名 205
　　2. 加拿大大学排名 206
　　3. 选择专业 208
　四　如何申请美、加大学 209
　　1. 要及早做准备 209
　　2. 准备参加语言考试 210
　五　留学费用 211
　六　美、加院校奖学金的申请 213
　七　申请材料的准备 215
　八　签证申请 216
　　1. 美国留学签证申请流程 217
　　2. 加拿大留学签证申请流程 218
　九　经济担保 220
　十　美国、加拿大留学拒签问题的分析 221
　十一　签证面谈须知 223

第14章　特殊事件及与政府对话 225
　一　加拿大移民法的"回溯审核"问题 225

 二　加拿大工程师协会风波 ……………………………………………… 229

第15章　申请注意事项 ………………………………………………… 231
 一　如何选择专业的代理公司 …………………………………………… 231
 二　关于C-35法案 ………………………………………………………… 232
 三　北京加中寰球投资咨询有限公司的服务 …………………………… 233

附录　美国EB-5投资移民项目 ………………………………………… 235
 一　EB-5移民项目的由来和发展 ………………………………………… 235
 二　美国EB-5项目的完整申请程序 ……………………………………… 238
 三　临时绿卡的申请条件和要求 ………………………………………… 239
  1. 对投资项目的要求 …………………………………………………… 239
  2. 对申请人的要求 ……………………………………………………… 239
  3. 申请材料的要求 ……………………………………………………… 240
 四　临时性绿卡的取消条件 ……………………………………………… 242
  1. 取消条件的申请 ……………………………………………………… 242
  2. 关于未独立子女 ……………………………………………………… 242
  3. 取消条件的申请材料及面谈 ………………………………………… 243
  4. 不能取消条件的后果 ………………………………………………… 243
 五　EB-5投资移民的风险 ………………………………………………… 244
  1. 商业经营的风险 ……………………………………………………… 244
  2. 地产运作的风险 ……………………………………………………… 244
  3. 投资项目未来市场价值的风险 ……………………………………… 245
  4. 监管机制及诚信风险 ………………………………………………… 245
  5. 外汇兑换率的风险 …………………………………………………… 245
  6. 绿卡作废的风险 ……………………………………………………… 246
 六　移民监问题 …………………………………………………………… 247

第1章
移民之国——加拿大

加拿大，广袤而神奇的土地：东起大西洋，与欧洲隔海相望；向西绵延伸展，横跨整个北美大陆，直抵太平洋，与亚洲大陆遥相呼应；南界和美国零距离接触，向北纵深发展；直至北冰洋。其辽阔的疆域覆盖了990多万平方公里的土地。

宁静澄澈的万点湖泊，雄伟起伏的数条山脉，一望无垠的碧野平川，五彩变幻的绵延林海，蕴藏丰富的矿产资源，构成了加拿大的万里江山。这片土地，哺育生息着3,400万各族民众。他们大部分居住在南部靠近美国边境160公里以内东西延伸的狭长地带。这个地带阳光明媚、四季分明、风调雨顺、祥和安宁。

由于加拿大幅员辽阔，东西跨度大，各地气候的差异也很大。一般来说，西部的不列颠哥伦比亚省（British Columbia，简称BC省）四季气候最为宜人。受太平洋西风带的影响，冬暖夏凉，可谓四季如春。坐落在本省的温哥华市（Vancouver）是世界上著名的气候温和、风景秀美的城市。其他大多数人口密集地区的气候多类似于中国的北方地区。北部高纬区，主要散居着土著印第安人(Indians)、因纽特人(Inuit)等。生活在北极圈内的因纽特人曾经被称为爱斯基摩人（Eskimo），意为"吃生肉的人"，现在已弃之不用。

加拿大的版图东西跨越6个时区，包括南部的10个省及北部的3个地区。南部10省分别为：不列颠哥伦比亚（BC省，有些华人称其为卑诗省）、艾尔伯塔（Alberta）、萨斯喀彻温（Saskatchewan）、曼尼托巴（Manitoba）、安大略

移民留学专家导航

（Ontario）、魁北克（Québec）、纽布郎斯威克（New Brunswick）、爱德华王子岛（Prince Edward Island）、诺瓦斯高莎（Nova Scotia）及纽芬兰（Newfoundland）。北部的3个地区分别是育空地区（Yukon）、西北地区（Northwest Territories）及努纳武特地区（Nunavut）。努纳武特是1999年4月1日刚刚从西北地区分出来的新的行政区域，位于西北地区东部，哈德逊湾（Hudson Bay）以西。

加拿大的官方语言为英语和法语。全国82%的人讲英语，26%的人讲法语（其中有一定的重合，即为双语）。近年来随着亚裔移民的大量涌入，汉语已成为加拿大仅次于英、法语的最通行的语种。新近的统计表明，全国约有4%的国民的母语是汉语。当地华人一般称汉语普通话为"中文"或"国语"（mandarin）。除了国语以外，粤语（广东话）也在华人中，尤其在老华侨的圈子里使用。随着近年来新移民的增多，讲国语的人越来越多。

加拿大是一个年轻而生机勃勃的国家，自1867年7月1日正式建国至今只有140多年的历史。作为一个移民国家，加拿大的历史积淀实际上主要来源于"舶来文化"，包括厚重的欧洲文化，以及来自世界各地的多重文化。加拿大是个倡导"多元文化"的国家，意在对世界各地的文化精髓兼容并蓄，也旨在各国种族、民族在一起和睦相处。在各国移民的不懈努力下，加拿大工农业发展都已达到很高的水平，科学文化事业的发展也走在世界前列。

一　加拿大是由移民构成的国家

在约3万年前，在加拿大这片土地上，还没有人类的足迹。是一群来自东北亚的黄皮肤、黑眼睛、黑色直发的先民，在2万多年前的某段时间，勇敢地跨过白令海峡的冰盖，在美洲大陆定居下来，他们就是现在美洲原住民的祖先（被广义地称为印第安人）。后来，由于冰盖融化，辽阔的大海隔绝了美洲原住民与旧大陆的一切联系，这些最早的移民不知道自己的根在哪里，旧大陆的人们也不知道大洋的那一边还有一块美丽富饶的土地，上面居住着自己同宗的人群。

时光不停地流淌，到了公元1492年，意大利航海家哥伦布发现了美洲大陆。此后，欧洲国家开始移民美洲。欧洲人在美洲建立了一块块的殖民地，美洲原住民的土地被掠夺，一次次的战争使得很多原住民被驱赶、杀戮。后来非洲的黑人也被贩

immigration

第1章
移民之国——加拿大

卖到了这里，在美国南部的农庄里做奴隶。

后来的很多年间，北美大陆的移民主要来自欧洲。大概在120多年前，中国人也到这块土地淘金，寻找新的发展机会。但事实上，早期中国移民的寻宝梦只是一个泡影。真正来到这里的华人不过是苦力，充当了修建横跨加拿大东西海岸的铁路劳工。1881～1885年间，先后有超过15,700名的华工参与修筑加拿大太平洋铁路。勤劳的中国人含辛茹苦，忍辱负重，默默地为加拿大的铁路建设作出了巨大贡献。

曾一度，加拿大对中国人移民有所限制，包括华工的家属移民入境也要上交"人头税"。后来，加拿大逐渐采纳了越来越平等的移民政策，结束了以往不平等的黑暗历史。在2006年，加拿大联邦政府正式对过去向中国人收缴不平等的"人头税"事件公开道歉、赔款，承认那段时期的不公正，也对华人在早期开发中起的作用给予了充分的肯定和高度评价，并为华工建立了纪念碑。

渐渐地，美洲大陆形成了一个世界上多民族、多人种的社会。

秋天的枫叶染红了加拿大的国土

二 移民是加拿大的一项基本国策

加拿大奉行的移民输入政策是它的历史传统，也是它目前的基本国策，在若干年内不会有很大变化。这一点可以从它每年移入人口的总额上体现出来。

加拿大有着比中国还要大的国土面积，但目前人口只有约3,400万，而且人口自然增长率又很低。相反，外来人口的移入可以维持甚至提高现有的人口规模和水平，同时也使得人口总结构不致老龄化。故此，加拿大把移民政策作为其基本国策，是容易理解的。

即使如此，由于实际递交申请的人也比较多，也并不意味着申请者都容易被批准。其甄选标准越来越严格的事实说明加拿大在扩大人口数量的同时，也很注重移民的质量。

目前，加拿大平均每年接纳移民约25.4万人。根据加拿大移民法（Immigration & Refugee Protection Act），加拿大公民与移民部（Citizenship & Immigration Canada）部长应该在每年的11月1日之前公布下一年度的移民计划。2012年加拿大计划引进移民的总人数仍保持历史高水平不变，即24万～26.5万。这充分反映了加拿大政府一贯的移民政策，也体现了移民对加拿大的经济增长和繁荣的重要性。

加拿大移民部长肯尼称："加拿大的后衰退时期的经济需要高素质的合法移民来充实我国的劳动力。"他说："同时，我们会继续履行我们对家庭团聚和难民的承诺。"

正如其他国家面临的老龄化和低出生率的问题，在不远的将来，加拿大将没有足够的人口来保持劳动力的增长。在今后的五年中，所有加拿大劳动力的增长将来自移民。

从加拿大公民与移民部公布的2012年移民配额表（见下页）中不难看出，为支持加拿大经济的恢复和发展，经济类（包括技术移民、投资移民、省提名项目）移民仍然是加拿大移民的重点类别（超过总名额的60%）。

为了完成每年的移民计划，加拿大政府不断采取措施，调整政策结构，以满足加拿大包括各省经济发展的需要。

加拿大2012年移民配额（与2011年配额对比）

移民类别	2012年的目标范围	2011年的目标范围
经济类		
联邦经济类移民	74,500～79,300	74,000～80,400
魁北克技术移民和投资移民	33,500～36,700	34,600～35,900
省提名	42,000～45,000	42,000～45,000
经济类总数	150,000～161,000	150,600～161,300
家庭类		
配偶及子女	38,000～44,000	45,500～48,000
父母及祖父母	21,800～25,000	13,000～17,500
家庭类总数	59,800～69,000	58,500～65,500
受保护人员类		
受保护人员（难民类等）总数	22,500～27,000	23,200～29,000
其他类		
其他类 总数	7,700～8,000	7,700～9,200
移民计划类总数	240,000～265,000	24,000～265,000

注：每年11月后，登录http://www.gotocanada.com.cn，可查到下一年的加拿大移民计划。

三 近年来移民趋势的分析

1. 移民的侧重点发生较大变化

近几年加拿大移民政策发生很大变化。政策上的调整导致结构上的变化。

首先，加拿大政府提高了投资移民的申请门槛，对申请人的个人资产和投资额的要求都增长了一倍，同时也增加了全年投资移民的计划指标；其次，对联邦技术移民的职业进行了限制，规定了可申请的紧缺职业表，并不定期更新紧缺职业表，同时对申请人数进行限制，从2008年每个职业1,000名额，减少到目前只接受500个名额；第三，增加了省提名项目的计划指标，从2009年的2万～2.6万人，增加到2012年的4.2万～4.5万人，鼓励申请人进行主动投资，到当地兴办企业，推动当地就业。

移民政策的变化，导致移民申请者的结构也发生了变化，商业移民申请人数增多，技术移民申请人数减少。据魁北克移民局公布的数据，截止到2011年8月，等待审核的案子已经超过11,906件。联邦投资移民项目由于申请案例增多，导致联邦移民

第1章 移民之国——加拿大

国会大厦前的水火池。这个水池中燃烧着经久不息的火焰,可以看做加拿大多元文化共荣共兴的象征——水火可相容

局限定了申请人数,2011~2012年度只接受700个申请案。技术移民的申请人数则大大减少。

2. 中国(大陆)移加人数名列前茅

根据2007年加拿大联邦政府移民部向国会提出的年度报告,2006年最大的移民来源国家是中国,占移民总数的13.2%。截止到2009年,中国已经连续多年成为加拿大移民来源的首位;2010年印度超过中国跃居第一,中国排名第二。中国作为一个人口大国,逐渐成为加拿大主要的人口来源国是有其道理的。在某种程度上,中国输出移民对中国的经济发展是有好处的。

在中国改革开放、发展经济的进程中,遍布在世界各地的中国移民(侨民)起了非常好、非常大的作用。无论是信息的交流、技术的引进、国际事务上的沟通,

移民留学专家导航

还是商务渠道的设立、对外资的吸引、对国际市场的拓展，海外华人都扮演了非常积极而有效的角色。

加拿大奉行多元文化政策，鼓励各民族文化的发展与融合。种族比例的再分配，已经打破了由欧洲后裔一统天下的局面。加拿大没有明显的种族冲突问题，事实上，倒是英裔与法裔之间有着更明显的隔阂（指魁北克闹独立的问题）。对于中国公民，如果选择定居在加拿大，虽然在语言、文化方面需要调整和适应，但没有必要担心种族冲突问题。

3. 未来移民政策及走向

移民是加拿大一项基本国策，是加拿大经济发展以至劳动力资源的重要来源。历任国家领导人和各级政府都非常重视移民政策的导向作用，越来越重视移民政策的实用效果。因此加拿大政府会始终保持移民数量的稳定性，并根据实际情况对移民法规进行微调，但总的趋势是门槛越来越高，审核越来越严格。因此，对于希望去北美发展的人，在适当的时机成功申请移民身份是很有意义的。

第2章 加拿大永久居民及公民

一 加拿大永久居民

1. 什么是永久居民

永久居民（Permanent Resident，PR）也称移民（Immigrant），在这里是指来自加拿大以外的国家和地区，已经获得在加拿大的永久居住权并且已经进入加拿大境内的人，故法律上称之为永久居民（PR）或已入境移民（Landed Immigrant）。永久居民一般持有原所在国颁发的护照以及加拿大政府颁发的永久居民签证及枫叶卡。

由于加拿大是一个文化多元化的国家，这里的永久居民还享有接受少数民族语言教育的权利，可以保留自己本民族的语言和其他文化传统。政府每年都拨出大笔的经费来扶植民族语言的发展。

一旦入境成为落地移民，除了一些企业家移民有特殊的约定条件外，所有人获得的永久居民身份及在加拿大享有的权利是一样的。当永久居民在加拿大住满一段时间并具备公民资格时，可以依法取得加拿大公民身份。

虽然每年有大量的持有其他类型签证的人进入这个国家，但持有移民签证者却有着不可比拟的优越性。一般而论，持移民签证者有以下优势：

🍁 持移民签证在加拿大正式入境后，所持身份终生有效（因违法遭驱逐者除

外)。而持其他签证,如学生签证、探亲签证、工作签证的人,其身份均为临时性的,一旦期满未获延期即必须离境。

🍁持加拿大移民签证者申请到其他国家学习、旅游容易获准。申请去往美国更可以获得长期有效,并可以多次往返的签证,加、美之间出入境时只需出示证件,海关一般不作记录。

🍁永久居民可受雇于任何公司(某些国家机要职位除外),但持旅游、商务等签证不得工作。持工作签证一般只能在指定的岗位、指定的公司工作,不能随意选择雇主。

🍁自由往来于中加两国,无须再办理任何签证手续。

2. 获得永久居民身份的途径

(1) 申请类别

永久居民身份只有通过申请并经过加拿大政府批准才能获得。不同的申请人有不同的背景和赴加拿大的目的,需要通过不同的移民类别进行申请。常见的移民类别有:

联邦投资移民;

联邦企业家移民(2011年7月1日起暂停);

省政府提名项目(PNP)(又可分为省提名企业家移民、省提名技术移民等);

联邦技术移民;

魁北克省投资移民;

魁北克省技术移民;

加拿大经验类移民(请参见后边章节)。

(2) 适用法律

🍁联邦法律。

移民审核的基本原则和规定是以加拿大《移民与难民保护法》(Immigration & Refugee Protection Act)为基础的。移民甄选的标准和具体实施方法是通过《移民与难民保护法规》(Immigration & Refugee Protection Regulations)来实现的。在具体操作过程中,移民官是根据《移民官工作手册》来实施的。

即使有些省有省政府提名项目,魁北克省有自己的移民评审办法,各个省的自主权也是在联邦《移民与难民保护法》的大框架之下的。省里作出决定后的移民

Immigration

第2章
加拿大永久居民及公民

申请案，都一律要通过联邦移民部的复审，最终还是由联邦政府统一签发加拿大永久居民签证。枫叶卡的签发也是由联邦政府统一管理。

🍁 省政府提名项目。

为了促进加拿大局部地区的经济发展，尤其是促进那些目前还欠发达的地区的经济发展及人口平衡，一些省先后和联邦政府签订了有关协议，自主甄选适合来本省的某些类别的移民。比如，不列颠哥伦比亚省、曼尼托巴省、萨斯喀彻温省、纽布朗斯威克省、爱德华王子岛省与联邦政府都相继签订了协议，联邦政府允许省政府有一定的自主权挑选来本省定居的申请人。各省的审核办法早已出台并实施。如前所述，省政府批准后的申请人还必须转到联邦复核及签证。

🍁 魁北克省的特殊审批。

加拿大国旗

加拿大国徽

加拿大的魁北克省在法律系统上是有特殊地位的。除魁北克省之外，加拿大采用英美法系，即"普通法系"（Common Law）。魁北克省则单独实行以法国法律为基础的大陆法系，也称"民法法系"（Civil Law），故在移民审核权上也相对独立。魁北克省有自己独立的移民审核条件及办法。申请定居的地点如果在魁北克省境内，则首先要单独通过魁北克省的审核。当然，申请在省里获得批准以后，联邦政府仍旧有权作最后的决定，签证也是由联邦政府统一发出的。魁北克的做法在很大程度上使移民的背景更加适合本省的特点（如讲法语者优先等）。

移民留学专家导航

即使其他省份也有省政府提名项目，但无论如何，魁北克省仍旧占据着其他省份无法与之相比较的独特地位与特权。即使其他省份也推出了省政府提名项目，也是和魁北克省不同的。这主要体现在：申请联邦移民项目的人，目的地可以是魁北克省之外的任何省和地区，而目的地在魁北克省境内的申请人，只能通过魁北克省的审批程序；任何其他省份都不能像魁北克一样吸纳被动投资者。

🍁法律变更。

从宏观上讲，加拿大的基本移民国策近些年不会有太大变化，但为了使其吸纳的人口更加合理化，也更加适应本国的经济发展状况，在具体实施的方法上却常常发生阶段性的变化。加拿大法律规定，无论何时对申请作出评审结论，申请人提交材料之日的法规对此申请案仍可有效。换言之，如果你递交了申请材料以后，法律法规发生了变化，你的申请审核不受负面影响。

在2002年，加拿大联邦移民部曾一度试图推出较严厉的新法规，并且试图用新法规来回溯审核（要对法规颁布前的申请案用新法规来审核）。一时间，天下哗然，加拿大移民的历史上以及加拿大立法的历史上都出现了黑暗的一幕。为了公正，加中寰球公司总裁孟繁辉（Frank Meng），与加拿大著名大律师Richard Kueland合作，旗帜鲜明地与移民部展开了舆论和法律的角逐，把移民部推上了联邦法院的被告席，直至取得了最终的胜利。最终加拿大联邦法院的一纸判令判决原法律无效，取消了法规的回溯性。

所以，今后不太可能发生用不利于申请人的法规回溯审核的事情了。但是，一旦法规发生了变化并宣告实施，以后再递交的申请则必须按照新法来执行。所以，当申请人认为机会在握时，应该果断提出申请，否则有可能贻误时机。

总之，任何关于新移民法的信息均应以加拿大政府当时采用的法律法规为根据。

二　加拿大公民

公民是一个法律概念。凡是具有某国国籍，并根据该国法律享有权利和承担义务的人都是该国的公民。加拿大公民就是拥有加拿大国籍并根据加拿大法律享有权利和承担义务的人。

1. 申请公民身份的资格和条件

永久居民如果想成为加拿大公民，须满足以下几项要求：

🍁 主申请人年龄应在18周岁以上。

🍁 在递交公民申请的前4年中，申请人以加拿大永久居民的身份在加拿大住满3年。在未成为加拿大永久居民之前，以其他身份（如学生）在加拿大所住过的时间以2天算作1天来计算，也可作为3年的一部分；在未取得永久居民身份之前，无论在加拿大居住多久，在申请入籍时，此段居住期最多只能折算成1年。

🍁 能用英语或法语交流，具有一定有关加拿大的知识，了解加拿大公民的权利和义务（55周岁以上的申请人不用满足本条要求）。

🍁 没有已被控告的犯罪行为，不属于被驱逐出境之类的人员。

另外，如果子女在22周岁以下但其父母之一为加拿大公民，也可以准许成为公民。父母或监护人可代为申请。此项申请可以在父母成为公民后进行，或与父母同时进行。子女在随父母申请时，不需要满足以上居住满3年的要求。有的儿童刚到加拿大即可以申请公民。如果18～22周岁的年轻人没有具有加拿大国籍的父母，他们还是需要自己居住满3年才可申请公民。

2. 申请成为加拿大公民的程序

申请加拿大公民时，可先向政府询问有关的注意事宜，填写申请表，然后按要求缴费，将申请表和缴费收据连同以下几项材料一同提交移民部审核中心：

🍁 入籍申请表（在加拿大境内居住时间统计表CIT0407）。该表要求详细填写在加拿大境内居住的天数及离开和返回加拿大的出入境日期，计算出在提交申请前4年内，在加拿大境内居住的天数是否达到了3,095天。申请人也可不填此表，直接在移民部网站居住时间计算器上输入本人相关出入境信息，把结果打印出来，附在申请表上即可。必要时，将要求申请人出示居住证据。

🍁 移民纸（IMM1000，或IMM5292）和枫叶卡（如有）复印件。

🍁 两份可证明申请人身份的证件（护照、驾照、医疗卡中任意两件，其中至少一件应带有照片）复印件。

🍁 两张"公民照"。对此种照片要求非常严格：必须在有照公民相资格的照相馆拍照。照片的背后应加盖有摄影师的姓名、地址和摄影日期的章，以确保照片为

移民留学专家导航

宣誓加入加拿大国籍

本人的近影。

　　申请通过初审后,移民部会将申请转到与你移近的移民办公室进一步审核。审核通过后移民官会安排与申请人见面,核实申请材料的原件,并进行简短的谈话(对54岁以下的申请人考察语言程度)。然后,申请人要等待公民考试通知。申请人在此期间,应该进行准备。政府为公民考试设立了一些辅导学习班,分发一些材料,介绍加拿大知识及公民的权利和义务。

　　公民办公室如果确认申请人符合申请加拿大公民的基本要求,就会寄给你有关考试时间和地点的通知,申请人应按此要求参加考试。考试内容为有关加拿大的知识、公民的权利和职责等等。考试题目一般很简单,多为选择题。一般的申请人均能顺利圆满地答完。最后一项程序是入籍宣誓。宣誓后,申请人会得到加拿大公民证(类似于中国身份证的卡片),同时还会得到一份记载着何时正式成为加拿大公民的纪念文件。公民证及纪念文件均为非常重要的身份证件,在某些时候(例如申请学生贷款),要求同时提供公民证及纪念文件。

第2章
加拿大永久居民及公民

如果经审核,申请人的条件不符合公民申请的要求,申请人会收到一封发自公民办公室的信,信中会解释申请人目前尚不能成为加拿大公民的理由和关于下一步如何调整或改善才能成为加拿大公民的建议。申请人如果不服,也可以提出申诉。

三　永久居民和公民的区别

在一般概念上,永久居民和加拿大公民都被认为是组成加拿大"国民"的一分子,都是加拿大国家的主人。加拿大鼓励移民在很多事务上的参与,永久居民享有的绝大多数与工作、生活密切相关的权利和加拿大公民并无区别。例如,无论是永久居民还是公民,都有自由选择居住地的权利和自由出入加拿大国境的权利。换句话说,移民有在加拿大境内自由移居、自由选择工作的权利,开办私营公司或企业的权利,拥有私人房地产和其他财产的权利,子女接受免费中小学教育和职业培训的权利,享受政府的医疗和其他社会保障、福利及优先申请各种资助的权利,取得外国人所不能得到的奖学金、助学金、学生贷款的权利,等等。

加拿大皇家骑警

移民留学专家导航

永久居民与加拿大公民的区别主要在选举权和被选举权、特殊职业（如政府要职）的就业及允许在加拿大境外居住的时间。

永久居民没有加拿大护照，需要凭枫叶卡进出加拿大，而公民可以申请加拿大国护照并持此进出境。公民没有在加拿大居住时间的限制，无论在国外住多长时间，都可继续保留其国籍。

永久居民直接感觉到的与公民的区别主要在出入加拿大的具体方式及加拿大境外的居住时间上。加拿大现行移民法规定：永久居民在每连续5年的时间里必须在加拿大累计住满2年以上，否则就有可能被认为放弃其永久居住权。这种居住限制也被俗称为"移民监"。但有些特殊的情况除外：

🍁永久居民受雇于加拿大企业、机构，或作为加拿大联邦政府或省政府的全职工作人员，被委派至加拿大境外全职工作。

🍁永久居民在加拿大境外陪同加拿大公民或上面所述之永久居民（配偶或父母）。

在这两种情况下，永久居民在加拿大境外的居住时间可算是在加拿大境内居住，从而满足"移民监"里的居住时间要求。

换句话说，如果一个家庭中的主申请人或配偶之一取得了加拿大公民身份，那么，为了保持加拿大永久居民身份，夫妻的另一方及孩子都可以陪同具有公民身份的配偶/父母在中国居住，而这段居住时间可以视为在加拿大居住。

但以上的变通方式不适用于公民的申请。要求公民申请人在申请之前的4年里在加拿大境内累积住满三年，才可以被批准。陪同配偶或父母在加拿大境外居住的时间，虽然可以当做保留永久居民身份的条件，但不能算作公民申请人应在加拿大居住时间的条件。

注：

本书中关于移民法律法规的内容是经过翻译和压缩的内容要点。申请的审核依据应以当时生效的加拿大移民法等法律、行政文件的英文原文为准。这主要有：《移民与难民保护法》（Immigration & Refugee Protection Act），《移民与难民保护法规》（Immigration & Refugee Protection Regulations），《移民上诉法庭规章》（Immigration Appeal Division Rules），其他各省政府移民遴选办法，《移民官工作手册》，等等。以上法律法规随着时间的推移也经常会发生变化。

第3章 申请加拿大永久居民身份的十大理由

一 世界上"最适合人类居住的地方"

在联合国计划发展署每年公布的人类发展世界报告中,采用自然地理、资源气候、环境质量和人民生活居住条件、医疗卫生水平、社会福利保障、人均寿命、教育水平、实际人均收入等多项要素综合评价,加拿大已多年蝉联"最适合人类居住的地方"之美誉。这就是说,加拿大人的富裕程度和生活质量在全世界名列第一。

生活品质通常是指人们的一般物质和精神生活水平或质量,它是衡量一个国家总体社会和经济状况的标尺,也是现代社会人们在进行对外投资、经商、观光旅游、移民和留学等事宜时着重考虑的因素。基于上述理由,很多人都把加拿大作为移民的首选目标。

1. 自然风光美不胜收

加拿大的自然风光独具特色。加拿大人说:"我们没有悠久的历史,但我们有多姿多彩的地理。"崇山秀水在四季的轮转中展现出迷人的风采,吸引着成千上万来自世界各地的游客。

加拿大疆域辽阔,领土面积略大于中国和美国,位居世界第二。北、东、西面

移民留学专家导航

分别被北冰洋、大西洋、太平洋所环绕，只有南面与美国大陆邻接，西北面的一小部分与美国的阿拉斯加相连。整个国土处于高纬度地区，是典型的"北国风光"。

如果我们从中国的北京起飞，穿越蓝天，大约10小时后，一片辽阔的大陆就会展现于你的面前。首先跃入眼帘的是科迪勒拉山系的落基山脉——加拿大段。这道横跨南北、巍峨高耸的山脉头顶皑皑白雪，下部是郁郁葱葱的森林，充满勃勃生机。高山尽处，那连绵延展的是一望无际的北美大平原。再往东去，矿藏宝库——广阔的拉布拉多高原同样令人瞩目。雄奇的山脉、无际的原野总要与缠绵的流水相伴才叫完美，加拿大的自然风光就为我们很好地诠释了这种完美，正可谓：高山流水，人杰地灵。加拿大的河流众多，湖泊密布，著名的有圣劳伦斯河、麦肯锡河、纳尔逊河、丘吉尔河、弗雷泽河，以及紧邻美国的五大湖、深入内陆的巨大水域哈德逊湾，还有成千上万的小河小湖如众星捧月般闪烁其间。真是天赐奇景，美不胜收！由于加拿大实行所有自然景区向公众免费开放的政策，众多的河流湖泊已成为寻常人家冬季滑雪、溜冰，夏季游泳、赛艇的好去处。河湖不仅为人们提供休闲娱乐的场所，还以其雄奇的风姿给人以精神上的陶冶，闻名世界的尼亚加拉大瀑布便是其中的代表。

尼亚加拉大瀑布

immigration

第3章 19
申请加拿大永久居民身份的十大理由

尼亚加拉大瀑布前游人如织

眺望瀑布

尼亚加拉大瀑布横跨加美两国,在加拿大境内的部分名为马蹄瀑布,在美国境内的叫亚美尼加瀑布,两道瀑布宛如一对同胞姐妹挽手伫立在加美边境线上。多少年来,她以无穷魅力吸引着世界各地的人不远万里前来观看。在加拿大境内的马蹄瀑布落差较大,因此更为壮观。宽广的瀑流呼啸而下,激起千重大浪,荡开遮天云雾。每当天空晴澈,日光朗照,瀑流水雾中映出斑斓彩虹,引得各色鸥鸟在此盘旋,让人不禁为此奇景击节赞叹。冬季观瀑则别有风味,四顾苍茫中,奔腾咆哮的瀑布依然涌动着勃勃生气,瀑边的树石上凝结着串串晶莹剔透的"珍珠",宛若仙境。

说到冬季,加拿大的冬景驰名于世。每年约11月中旬到次年3月中旬,加拿大境内便是山舞银蛇,原驰蜡象,处处银装素裹。加拿大人出于对冰雪的热爱,用不懈的努力,营造

移民留学专家导航

出一个雪国乐土。完备安全的取暖设施及除雪手段使得皑皑白雪无法侵扰他们的日常生活；相反，冰雪的冬天成为加拿大人心中最美的季节。冰天雪地中，到处都是天然的溜冰场、滑雪场。人们可以坐雪橇观光、在雪野徒步旅行，还能欣赏到加拿大人最热衷的冰球比赛。冰球是加拿大的国球，连加拿大的老人小孩都痴迷冰球。除了这些运动之外，你还可以驱车去北部的森林狩猎。南迁觅食的野羊、驯鹿，一不小心就会成为你的囊中之物。这种乐趣，你怎能不去亲身体验？这里的冬天没有阴沉与萧条，倒是处处充满了欢乐与生机。

与冬季漫长的北国风光相映衬，加拿大的秋天更加迷人。如果你有幸在深秋时节踏上这片土地，举目四望，一片片红枫赤色欲滴。尤其在东南部的魁北克和安大略两省，你会看到大地身着色彩绚丽的新装，火红的枫叶染遍了辽阔的原野，金色的阳光在叶间熠熠闪烁，一幅美丽秋色图让人疑幻疑真。

枫叶是加拿大的象征，国旗上那一叶鲜红深深表达了加拿大人对枫树的依恋之情。加拿大的枫树，生长范围之广与种类之多，堪称世界之最。从东到西的国土上，分布着不同的枫树上百种。它们形色各异，争妍斗艳，真不愧是枫叶之国。枫树与苍松翠柏一起装点着这片如画江山。

美丽迷人的枫树，除了观赏之外，还是加拿大重要的经济来源之一。加拿大的糖枫树，树汁含糖量极高。把树皮割开，流出的汁液熬制成枫糖浆，香甜如蜜，富含各种矿物质元素，是很有特色的营养佳品。初春的三至四月间，万千棵枫树开始流淌汁液，这是春天到来的第一个讯息。此时热闹红火的枫糖节也在各地拉开帷幕。枫树最多的魁北克和安大略两省还会举行隆重的纪念活动。届时，各地农场、乡间的糖厂都装点一新，迎接一批批参观者，并准备好了特色的枫糖食品，供客人品尝。

加拿大的春天，百鸟争鸣，百花争妍。天气渐暖，冬雪还未完全消融，人们在品尝枫树汁，观赏枫糖制作之余，去高山区滑雪，去公园散步，享受清新的空气。加拿大的春季相对较短，到了五月中旬，时间的车轮就将加拿大送入另一个生活、旅游的黄金季节——夏季。

和中国北京酷热的夏季相比，加拿大的夏天凉爽宜人，而且这样的天气持续较长，南部地区可达4个月之久，这是每一个饱尝过酷暑的人所深深向往的。无论生活、娱乐、旅游、观光都会令人感到悠闲惬意。明媚的阳光下，人们可以在清澈平静的水面上和朋友一起泛舟、赛艇，也可以在绿草如茵的户外打网球，或者

第3章
申请加拿大永久居民身份的十大理由

只是悠闲地在露天享受日光浴。由于空气污染少，这里的天空总是湛蓝的。人们会不禁感叹：生活在同一片天空下，上帝真是偏爱加拿大！加拿大的自然风光优美可人，阳光充沛，四季分明，各具特色。无论你何时踏上这片土地，它都会给你意外的惊喜。

2. 地大物博，资源丰富

加拿大尽管幅员辽阔，人口却很少。2011年，全国人口约3,400万，人口密度为3人/平方公里。同样是幅员辽阔的国家，中国有13亿人口，人口密度为130人/平方公里。加拿大的人口大部分集中在与美国毗邻的南部地带，偌大的国土上，89%的地方无人长期居住，全国三分之二的土地尚待开发，这真是一片大有作为的广阔天地。

加拿大是个资源丰富的国家。矿产资源储量大，品种多样，铀、锌、镍的产量居世界首位，钾、钛、硫、石棉及石膏产量居全球第二。石油、天然气储量也很丰富。铝、金、铂、铜、铅等重要金属也有相当高的出产量。加拿大也有丰富的钻石矿，世界排名第三，储量仅次于南非及澳洲。

各省之中，安大略省矿产品产量最高，其次是魁北克省，不列颠哥伦比亚省位居第三。近年来，艾尔伯塔省的矿产品也占有很大比例。艾尔伯塔和萨斯喀彻温省的地下埋藏有大量的石油。

加拿大有着丰富的森林资源，是世界第三大林业国。全国的森林覆盖率为37%，其中可采伐的森林约占全国总林地的57%，约为200多万平方公里。加拿大是世界上最大的林产品输出国，产品主要销往美、日、英、德等国家，其中美国最多，林产品出口成为加拿大的创汇产业之一。

加拿大的渔业资源以海洋捕捞为主，纽芬兰是闻名世界的海洋渔场，纽布郎斯威克省的雪迪克则因出产优质龙虾而被誉为"世界龙虾之都"。同时国内广泛分布的大大小小的淡水湖泊也出产大量的淡水鱼类。水产品主要出口美国，其出口量位居世界第三，仅次于挪威和日本。

加拿大土肥地沃，风调雨顺，发展农业可谓得天独厚，主要种植小麦、大麦、燕麦和玉米等谷类作物。小麦主要产自西部草原地区，出口量世界第二。加拿大的畜牧业以畜养肉牛和乳牛为主。西部草原地区主要养肉牛，而东部安大略和魁北克省人口相对集中，主要畜养乳牛。从20世纪30年代起，畜牧业产值就已位居种植业

之上，出口额亦然。

加拿大尽管拥有丰富的资源，但并不盲目地进行掠夺性开发。当今世界，每个国家都将可持续发展提到了议事日程上来，对资源的合理开发与保护已成为延续国家经济发展后劲的重要因素。加拿大可持续性发展的工作做得非常好，国家公园的面积已经达到国土面积的2%，休渔、休耕的面积和力度都很大，矿产的开采也有一个长远规划。总之，加拿大政府力图使本国丰饶的资源能世世代代地造福国民。

3. 经济、科技发达

第二次世界大战之后，加拿大的社会和经济得到了迅猛的发展。如今，加拿大已成为世界上最发达的工业国家之一。2009年10月1日，加拿大统计局估算全国人口为33,873,357人，以此计算，2009年加拿大人均GDP为45,099加元，约合39,544美圆。是全世界最富裕的国家之一，其国民的平均生活水平在发达国家中名列前茅。

加拿大社会经济的主要成分是私有经济，但关系国民经济命脉的重大产业基本由国家掌握，如铁路、石油、航空等。各省和地方政府也控制着当地重要的经济部门，如电力、水利类部门等。加拿大经济主要由生产部门和服务部门组成，具体产业结构在建国后的140年间发生了很大的变化。在国民经济中，农业所占的比例锐减，服务业激增。近年来，第一、第二、第三产业所占的国民生产总值比例分别约为6%、40%和54%，这些数字充分反映了加拿大社会经济的高度发达。

占国民经济19%的制造业当属加拿大产业部门的龙头，它的发展和国运昌隆密切相关。在制造业中，炼油工业创造的产值最高，由此带动了石油工业高速发展。产值居第二的汽车制造业开始于二战期间，战后发展迅速。美国资本的大量投入使加拿大的汽车制造中心主要集中在毗邻美国的安大略半岛一带，多伦多、温莎（Windsor）、奥什瓦（Oshawa）、奥克瓦（Oakville）、剑桥（Cambridge）等都是加拿大著名的汽车工业基地。依靠林业资源支持的纸浆和造纸工业产值位居第三，其产品主要用于出口创汇，纸浆出口量为全球之冠，新闻纸的产量占世界需求的三分之一。除此以外，加拿大的木材工业、有色金属冶金工业、机械制造、化工、纺织等也很发达。

加拿大的劳动生产率很高，每个农业生产劳动力可供养60人，是世界上农业劳动生产率最高的国家之一。在工业方面，加拿大很早就实现了现代化，在工业生产中，使用人工劳动力的比例很小。近年来，加拿大更注重应用高科技手段来提高工

immigration

第3章
申请加拿大永久居民身份的十大理由

农的业生产效率。同日本、美国等发达国家相比，虽然加拿大经济的整体规模并不算大（美国为其13倍，日本为其10倍），但由于加拿大人口少，其劳动生产率仅次于美国，居世界第二，因此这个国家的生活水平与美、日等国相比，毫不逊色。

在加拿大投资的外国公司很多

　　加拿大的私营经济中外国资本比例很大，是世界上接受外国资本最多的国家之一。据加拿大议会的一份报告显示，制造业的57％、采矿业的70％、石油和天然气的80％由外国资本支持着。外国资本的大量涌入刺激了加拿大的经济增长。就本国资本而言，国家资本集中于电力及交通运输业，私人资本则主要流向商业及服务行业。

虽然加拿大是西方工业强国之一，但在经济方面也存在着一些问题，如通货膨胀、部分失业及社会福利投入的不尽合理等，但这些问题对国家的经济发展并不构成严重的影响。而且，加拿大的经济结构稳定，无论是政府还是整个社会对经济问题都有着一定的承受力，因此加拿大的经济形势还是非常乐观的。

二 完善的社会福利与社会保障体系

加拿大的历史虽不是很悠久，但它目前已雄踞世界强国之列，这样的成功同国民的辛勤劳动是分不开的。加拿大政府很关心国民的健康问题，将巨额经费用在社会保障、国民生活的安全与稳定上，也就是说加拿大有着比较完善的社会福利制度。加拿大国民和永久居民可以说是老有所养，病有所医。

加拿大国民福利体制是一个多层次较复杂的体系，既有公有性质的，也有私营性质的。其覆盖面很广，有面向全民的，也有针对不同群体的。要想事无巨细地搞清楚，恐怕连政府官员也难以做到，因此我们只能寻着它的主线去宏观地把握。国民福利的内容大致包括养老保险、就业保险、医疗保险、残疾抚恤金等。

1. 老年人生活无忧

在加拿大，各省为老年人提供的政府福利各不相同。但是总括来讲，老年人的福利待遇都是比较优厚的。一斑可窥全豹，下面，就以安大略省为例加以说明。

在安大略省，老年人的政府福利主要有以下几种：退休金（CPP）、老年人保障金（OAS）、低保补助（GIS）、补助金（Allowance）、政府年金（CGA）、医疗保险、安省低保（GAINS）及国际养老金（IPB）。

加拿大退休金计划CPP，是一种与工作收入相关的退休金。一个人退休后领取CPP金额的多少取决于以前交纳退休金的多少和时间长短。无论是工作还是自雇都需要交纳退休金，交纳的多少取决于工资（或自雇净收入）的高低，年薪的前3,500加元的收入免交，年薪超过42,100加元的，超出部分不交（2006年）。通常CPP要到65岁时才能开始领取，受益终生。

OAS就是我们常说的老年保障金。这是一个完全的社会福利计划，恐怕世界上没有第二个国家有这样的福利了。老年人无须在加拿大工作过，来到加拿大的人只要条件合格就可以申请领取。领取老年保障金的条件是年满65岁的加拿大公民和永久居民，18岁以后在加拿大住满十年以上；如果住满40年以上，则领取全额；即便年满65岁仍然在工作，只要够资格领取养老金就可以领取。现在的OAS的最大金额是每月近537.97加元。如果没住满，就要按比例领取。比如你住满了20年，可以领取最大金额的一半，将近270加元。

低保补助（GIS）实际上是OAS系统的一部分，但是它跟OAS又有不同。GIS主要是对低收入的老人的一种补助。如果你要申请GIS，你必须符合领取GIS的条件。同时，收入要低于相关规定。目前，如果一个领取养老金的老人年收入低于16,320加元，就可以申请GIS。一个单身老人每月最多可以领取729.44加元。

补助金（Allowance）严格地说也是OAS系统的一部分，它提供的是对低收入家庭的补助，并分为两种——Allowance和Allowance for Survivor。前者要求符合以下条件：第一，18岁以后在加拿大住满十年的加拿大公民或者永久居民；第二，年龄在60~64岁之间；第三，其配偶（同居及婚姻伴侣）符合领取OAS及GIS的条件。现在Allowance的最大领取金额为每月1,021.65加元。后者其实跟前者差不多，唯一的不同就是，如果领取OAS及GIS的配偶去世了，未亡人年龄在60~64岁之间，就可以申请Allowance for Survivor。现在该项补助金的最大领取金额是每月1,143.78加元。

CGA（Canadian Government Annuities）实际上就是政府管理的年金。需要你自己或者你的雇主有供款。

安省低保（GAINS）是安省的一种社会福利。条件也很简单，大于65岁的安省居民，同时符合OAS及GIS的领取条件，就可以申请。

加拿大和世界上很多国家签订了一些养老方面的协议，这样，如果你生活在其他国家或者你的配偶在其他国家工作，你就可以申请IPB（International Pension Benefits），即国际养老金。

在加拿大，老年人可以同时领取数种政府福利，甚至是由子女担保移民加拿大的老年人，也可以享受几种政府福利。加拿大的各项福利会根据政府预算作适当调整，并且也会随着物价指数进行更改。

2. 中青年享有就业保险

就业保险（Employment Insurance, EI）在1998年以前被称为"失业保险（Unemployment Insurance, UI）"，也是社会保险的重要组成部分。就业保险旨在通

过一些具体形式来帮助那些失业的人,主要有收入福利补贴、培训协助、流动付款等。它的积累是雇主、雇员共同缴费,费率为个人缴纳工资的1.73%,雇主缴纳雇员费率的1.4倍。可以在失业后两周开始领取保险金,每次申请最多可领45周,基本能得到本人工资的55%。由于这项保险针对个人不同的情况,所以补贴会因人因地因时而异。

3. 养育少年儿童得到政府的补贴

"加拿大儿童税务福利金"(CCTB),俗称"牛奶金",是加拿大政府按月支付给有资格申请人的免税福利金,用以帮助供养18岁以下儿童成长。儿童福利金是根据申请人及配偶的报税资料和拥有儿童的数量、年龄、居住省份、家庭净收入等计算的,有少量高收入家庭不享受此项福利。大致补贴标准为18岁以下儿童每人每年1,367加元,即每月113.91加元;第三个及第三个以上儿童另加补助每人每年95加元,即每月多7.91加元。

自2006年7月起,每位学龄前儿童(6岁以下)所在家庭每年可以得到1,200加元的托儿津贴(Universal Child Care Benefit)。原先因为收入过高不适合拿牛奶金的家庭,同样能够申请托儿津贴。

4. 完善的医疗保健系统

政府官员视察儿童保育服务

加拿大的医疗保健系统在世界上堪称一流。加拿大采用的是全民免费医疗保健体制,可谓是世界上最好的医疗保健体制之一。所有的加拿大居民(公民和永久居民)在加入医疗保险后,都可以得到免费的高质量医疗服务。他们持"健康卡"(一张带有照片的医疗磁卡)在医院里看病、住院、诊疗、化验、透视、急救、手术、康复，甚至包括住院的食宿以及出院后医护人员到家中的护理等都可享受免费服务。由子女担保到加拿大定居的老年人，登陆后三个月即可享受免费的医疗保险。

加拿大的国民基本医疗保险制度不仅使加拿大在西方资本主义各国中尤显优越，而且使加拿大人民为之自豪。国民享有基本医疗保险，医疗保险的费用由加拿大联邦政府和各省政府负担，主要来源为联邦政府和省政府所得税。在不同省份，医疗保险制度有不同的名称，例如在安大略省，此保险项目被称为安大略健康保险计划（Ontario Health Insurance Plan, OHIP）。政府医疗保险的对象为加拿大公民、永久居民、难民和在加拿大有工作许可证的外国人等。1968年联邦政府曾推广学生医疗保险计划，制定了医疗保健法。1984年，在以前的有关法案基础上又公布了健康法案。此医疗保险体系的实施在于保证低收入家庭与个人也能得到较好的医疗。国家卫生和福利部门负责制定法案，建立保险的基本标准和条件，具体事宜由各省自行制定，比如拨给各医院的经费等。由于医疗保险的实施掌握在省政府手里，每个省的具体实施办法也体现了不同的规定。多数省份的医疗保险是不需要再交费的，但有的省份如不列颠哥伦比亚省、艾尔伯塔省，还需要缴纳少量的费用。

最后谈谈残疾抚恤金问题。加拿大政府有一系列对残疾人的保险项目，分别设在不同的保险计划之中，对无工作者也有救济计划。对象为残疾人和其未成年子女，18～65岁期间，工作中至少缴了4年保费的。这项金额需要申请，经批准才能得到。康复之后，主管部门会帮忙介绍工作，重回岗位后抚恤金停止。加拿大的国家福利制度的实施需要很多部门通力合作，他们恪尽职守，使这一制度运作协调，发挥着积极作用。

三　安定的社会秩序

加拿大以其安定的社会秩序举世闻名。国家的年平均犯罪率较低，人民生活安定有序，无论是商业区还是居住区都有一整套完备有效的治安体系。在任何公共场所，如商店、宾馆、公园、图书馆、公共汽车或地铁站等，很难见到争吵的现象。不守秩序的事，如排队加塞儿、乘车不打票等现象都极为罕见。漫步加拿大街头，整个社会充满安定祥和的气氛，文明礼貌之风久盛不衰。在加拿大四通八达的交通

网中，绝大多数人都能自觉遵守交通规则，加拿大公路的安全行驶系数很高。

加拿大之所以有如此安定的社会秩序，主要原因可归于以下几方面：

🍁经济发达，失业率相对较低。加拿大经济创造新就业机会的能力较高。

🍁政治稳定，法律健全。以英国式内阁制建立起来的国家制度发挥着积极有效的作用。

🍁社会福利制度完善。基本能做到"老有所终、壮有所用、幼有所长、孤独残疾者皆有所养"，因而国民心态平衡。

🍁国民性格和煦有礼。绝大多数欧洲移民及后裔有着基督教或天主教的文化背景，目前全国有约80%的人信奉基督教或天主教。基督教或天主教主张人与人之间的互爱互助，主张诚信、谦虚和自律。加上全国人口绝大多数为移民及移民后裔，在心态上没有宗主国国民的自大感，这种谦和性格使得他们很容易与外人相处。如此，使得加拿大国民体现为热情、乐于助人、直率坦白、尊重他人。一般来讲，在这个国度中人与人之间的关系比较和谐而友好。

🍁国民教育程度高。高中教育普及，33%的国民受过高等教育。新移民也都是通过各种指标筛选后才进入加拿大的。高素质的人口也是社会安定的重要原因。

任何一个社会都不是十全十美，加拿大也存在着一些不稳定的因素，如多伦多黑帮的街头枪击，魁北克多年来的独立风潮。但这毕竟不是社会的主流。年轻的加拿大需要在不断完善中举步前行，一个朝气蓬勃的国家正在以矫健的步伐迈向它更加安定、成熟的新时期。

四　在多元的文化中潇洒自如地生活

由于历史的原因，加拿大的民族组成呈现出多元化的面貌，可以毫不夸张地说，世界上每一个主要的民族，几乎都可以在加拿大找到。现存的加拿大印第安人和因纽特人分布在相对荒凉的北部广大地区，以渔猎为生。现主要居住在加拿大境内的2,200个保留地，也有一部分进入各个城市，散居各处。

从17世纪起，欧洲人开始移入加拿大。英国人打败法国人后，取得统治地位，但允许法国人居住的地区（主要在魁北克）保留法国的民族文化、语言及宗教（天主教）。今天的魁北克仍保留着浓郁的法兰西风韵。英法冲突的历史及政治稳定的

Immigration

第3章 申请加拿大永久居民身份的十大理由

要求使得加拿大成为英语、法语双语的国家，甚至在魁北克省，法语基本上成为唯一的官方语言。法国人与印第安人的混血儿被称为梅蒂人（Metis），现在这个词的意义已扩展至指白人与印第安人所生的子女。加拿大现有梅蒂人约6万，与印第安人不完全相同，可随父或随母居住在保留地内。

由于早期移民中欧洲移民占主体，至今加拿大人口约40％为英人后裔，约27％为法人后裔，1％为印第安人，剩下约32％的人口是来自其他各国的移民。近年来亚洲移民大量涌入加拿大，目前加拿大的华人华侨达140多万，集中居住在安大略省的多伦多（40多万人）和不列颠哥伦比亚省的温哥华（30多万人）。随着大批华裔

西红柿竟然也成了街头雕塑

移民涌向加拿大，唐人街的舞狮、端午节的龙舟也成为加拿大的民族风景之一。

加拿大是一个名副其实的移民国家，移民占全国人口的99%（相对于"原住民"来讲）。世界各地的移民为加拿大带来了丰富多彩的文化气息，形成了多元文化环境。在这种环境中，各民族独特的艺术表现方式和特征相互影响，带来了加拿大文化事业的兴旺蓬勃。与美利坚文化不同，加拿大各民族的独特文化并存互行，百花齐放，共同繁荣。不同民族文化背景的社区、团体为保持和发展本民族的文化而举办的活动不仅会受到社会的尊重，而且还会得到政府的支持。例如华人区的中文补习班可得到政府文化基金的补贴。

加拿大民族、种族成分的多样化带来了文化的丰富多样性，不同民族、种族间和睦共处的多元化特色成为加拿大与其他移民国家最显著的区别性标志。这种被加拿大政府和人民引以为荣的特殊文化环境，也成为吸引新移民的重要因素。

五　休养生息的天堂

　　加拿大的各种体育、文化、娱乐设施非常丰富，而自然风光也得天独厚。由于森林、湖泊和绿地众多，所以垂钓、打高尔夫、滑雪、滑冰等都是非常普及的户外运动和健身方式。

　　仅从体育设施来看，加拿大人的平均占有率也是很高的。学校里都有足量的体育设施，尤其是大学里，有供学生使用的健身房、户外和室内的体育场、室内游泳池、桑拿室等设施。各类的体育训练班也比比皆是。另外，很多社区都有娱乐和活动中心。这里的游泳池、滑冰场、网球和羽毛球等很多体育设施都供居民免费使用，全民健身使国民的综合体质处于较高水平。

　　众多的森林、湖泊和绿地造就了许多世界一流的高尔夫球场。目前全国约有球场2,000个左右。高尔夫运动是加拿大人最普遍的休闲活动之一，费用相对也比中国

漂亮的高尔夫球场

第3章
申请加拿大永久居民身份的十大理由

水上运动

低很多。许多投资移民来的朋友后来都成了高尔夫爱好者。高尔夫球场已经成为了他们度假、健身、结交朋友和寻找海外商机的主要场所之一。

加拿大超过一半的家庭居住在独立房屋里，很多家庭有自己的后花园，下班后养树、莳花也是一大乐趣。夏季，加拿大人喜欢野餐、露营、登山、游泳、骑自行车、垂钓。秋季，当红枫遍野之时，开车去郊外观赏火一样炽烈的林海，置身其中，美不胜收。你也可以去农场采摘水果，到了郊外，还能采摘到蓝莓等营养价值很高的野果。

加拿大的很多城市都靠近河、湖、海，有很多静静的港湾。假日里，可以去那里做水上运动。私家游艇、汽船是很多富人的玩具。也有很多人喜欢玩帆船，帆船的购买价格低，玩帆船还可以锻炼身体。在港湾，你可以看到停泊成一片片的私家船，供主人们假日在水上兜风，或享受碧水蓝天的悠闲，或享受乘风破浪的激荡。

加拿大的公共图书馆系统不仅资源丰富，而且在城市内部实行联网。市民可以在任意一个公共图书馆免费借到整个系统中的图书或是音像制品。此外，各个大学的图书馆也都对社会开放。图书馆不但是增加知识的地方，也是休息、陶冶性情的好去处。

六 给孩子一个快乐的童年

西方教育着重培养孩子的独立思考能力、创造力和动手能力，对培养孩子的自信心和组织领导能力也颇为重视，其教育方式主张寓教于乐，让孩子在快乐中成长。很多小孩子移民到加拿大以后，都很喜欢当地的生活。（请参阅第12章的附录。）

如果你希望要两三个小孩，你更应该去加拿大，这样就避免了与中国计划生育政策的冲突。因为加拿大的人口自然增长率很低，所以，国家鼓励生育。小孩出生后立即就有加拿大公民的身份，同时获得各种福利保障。

加拿大的游乐场是孩子的乐园

immigration

第3章
申请加拿大永久居民身份的十大理由

你知道这块牌子是做什么用的吗？—— 前方是三文鱼跨越激流的大型设施

七 让孩子享受真正的免费教育，使孩子成为国际化人才

　　加拿大有完善的教育制度，公立学校不但设施完善，教学质量高，而且从学龄前、小学到高中均实行真正的全免费义务教育：上学不但不需要交学费，甚至连书本费都不用掏，有些学校甚至还有免费午餐；很多学校有校车，每天接送学生上下学。加拿大拥有数所世界一流的大学，培养了很多高水平的人才。加拿大的大学教育实行低息或无息贷款的普及性教育政策，本地学生和海外留学生相比有很多优势：其一，学费低廉，所交学费仅为海外留学生的三分之一左右；其二，可以申请到各类学生贷款，奖学金和助学金；其三，有些专业只招加拿大公民或永久居民。

中华文化博大精深,源远流长,而西方文明的创造性、开拓性和独立精神则渗透于其社会生活的各个角落。如果我们的孩子既能获得中国传统文化的熏陶,又能够接触到西方的人文、自然科学和社会科学的知识,将为他们成为国际化的人才打下良好的基础。另外,"英语和中文一样好"也是参与国际化竞争的必要条件。

八 拥有"世界通行证"

因为频繁的商务活动,你可能需要经常往返于不同的国家。拥有一本加拿大护照,到世界一百多个国家和地区都可获得免签证的手续。可以说,拥有加拿大护照就相当于拥有了"世界通行证"。

特别值得一提的是加拿大与美国的特殊睦邻关系。加拿大与美国毗邻而居,山水相连,两国间有着5,500多公里漫长的国界,这是世界上最长的不设防国界线,两国公民无须签证便可自由来往。据说有一位加拿大老太太的住宅就建在边界线上,由于她的浴室在美国这边,厨房在加拿大那边,因此她每天在美国洗澡,而在加拿大用餐,乐此不疲。地域上的毗连使得加拿大和美国有一种天然的亲近,而历史的相似也使两国关系密切。从历史上看,这两个国家原来都曾是英国的殖民地,最后都成为独立的国家。第二次世界大战后,加拿大与美国的关系越来越密切,两国于1904年签订了北美共同防御条约,修建了长达2,400多公里的通往阿拉斯加的战略公路,从而沟通了北美大陆的陆上交通。1941年双方又签订了海德公园协定,大大加强了两国的经济联系。两国又同属北大西洋公约组织(NATO),因此在军事上也有密切联系。

两国的密切关系使两国之间的各种往来十分方便。根据90年代初期签署的《北美自由贸易协定》(North American Free Trade Agreement, NAFTA),加拿大的公民和英联邦国家在加拿大的永久居民进入美国去旅游和经商均不需要签证。如果要去美国上学或工作,也非常容易获得许可。拥有其他国籍的加拿大永久居民进入美国则需申请签证。如果拥有加拿大绿卡(永久居民身份),则非常容易得到美国签证,签证有效期可达10年,甚至终生有效。有了签证可以多次往返美国。可以说,拿到了加拿大绿卡,也就相当于拿到了半个美国绿卡。

由于加拿大和美国的友好睦邻关系,许多加拿大人赴美寻求发展机会,不少加

第3章
申请加拿大永久居民身份的十大理由

籍人在美长期工作、生活或创业。由于加拿大人口的大多数居住在南部靠近美国边境的160公里以内的地带，对于加拿大人来说，去一次美国就像北京人去一次天津那样轻而易举。每逢几个大节日，如圣诞节（Christmas）、复活节（Easter）及感恩节（Thanksgiving）前夕，加拿大人喜欢到美国去旅游购物。在加、美边境上，经常可见往返的车流。

每年冬季，大批住在较冷地区的加拿大人喜欢到美国佛罗里达阳光明媚的海滩去度假，享受那里的温暖阳光。许多富裕的加拿大人还在佛罗里达及加利福尼亚购置别墅，以度过冬天。美国人戏称那些在佛罗里达过冬的加拿大人为"加拿大雪鸟"（Canadian Snowbird）。

当然，美国人夏天到加拿大避暑的盛况，绝不亚于加拿大人冬天到美国"避寒"。而美国人最热衷的还数冬天到加拿大的群山和原野去滑雪。无论是高山下滑（downhill skiing）还是原野跨越（cross-country skiing），在美国绝大多数地区都是无法享受到的。即使是到了4月大片滑雪区开始融化时，许多滑雪爱好者还是意犹未尽，纷纷涌向人造雪场，饱尝乍暖还寒时的雪上之乐。

加拿大还与中国及世界上其他国家保持着友好关系。加拿大人民一向以爱好和平与平等著称于世，在国际事务中不以大国、强国自居，也无过激或强悍行为。身为北约成员国及英联邦（Commonwealth）成员国，她与北约及英联邦的其他成员国也有非常亲密友好的关系。加拿大还积极致力于发展同亚太地区的关系，1997年亚太经合会议就由加拿大主办。

加拿大是最早承认中华人民共和国的西方国家之一，与中国的建交远早于美国及日本。一位加拿大历史学家说：中加关系的维系和发展不是靠贸易和帝国主义，

在雪上玩耍的儿童

它的基础是世界上最古老的民族和世界上最年轻的国家之间的友谊。

在全世界所有的移民输入国当中，加拿大几乎是绝无仅有的把中国当做高素质移民输出国的国家。据说早在周恩来总理健在时，加拿大政府就曾与中国政府探讨过从中国向加拿大输送移民的可能性。但由于当时中国政治形势的局限，此举未能实现。在邓小平时代，马尔罗尼政府再次尝试但未果。直到1994年10月，前总理克雷蒂安首次率规模庞大的访华团来访，为中加友好谱下了新的乐章，也为大批中国人正式移居加拿大铺平了道路。

九　发现新的成功机会

由于不同国家发展的差异性和互补性，使经常往返于中国和加拿大具有移民身份的企业家能够接触到国内外市场中大量的商机。很多人移民后，把国外新兴的行业、前沿的科学技术、产品以及新的赢利模式引入了国内，例如互联网技术、搜索引擎、尖端的生物医药制品、连锁经营以及大型专业超市的经营理念。与此同时，很多移民也凭借着对国外当地市场和商业规则的了解，成功地把国内的产品和服务推向了国际市场，建立了自己的营销网络和销售渠道，和以往简单地把产品卖给国外的进口商相比，大大提高了自己的利润空间。（请参阅第11章。）

十　投资移民可未雨绸缪，分散投资风险

事业的旅途总是起伏跌宕的。在资金充裕的时候在国外做些投资，即使将来国内的生意出现了问题，也可以分散风险，从容应对。

从上述移民加拿大的十个理由来看，移民加拿大等于给自己和家人的一生上了一份最为踏实的保险。

36

第4章
加拿大商业移民

加拿大商业移民

加拿大商业移民包括投资移民（可分为联邦投资移民和魁北克投资移民）、企业家移民和自雇移民。

投资移民和企业家移民的区别有三点。一是前者只需要投资至政府管理下的基金，几年后返还投资额，并不需要投资者参与企业的管理和运营。而后者则不但要求企业家投资，而且要参与企业的日常管理和运营。因而，前者也叫做被动投资，后者也叫做主动投资。二是投资移民的投资虽不能获利，但由于政府担保，也没有风险。而企业家移民需要自负盈亏，自担风险。三是投资移民的永久居民签证是没有附加条件的，而企业家移民在得到签证后，必须履行在加拿大建立成功企业的义务，否则签证会被吊销。

一 投资移民

加拿大投资移民（Investor）项目于1986年推出，至今已经实施20多年。移民法规实施的目的在于通过接受世界各地投资者定居加拿大来吸纳外来投资，促进加拿大社会经济的发展。

迄今为止，加拿大投资移民法规经历了多次变化，比较明显的是对个人资产、

移民留学专家导航

投资额以及投资方式的调整。1999年4月将个人资产额从50万加元提高到80万加元；投资额从25万～35万加元，一律调整为40万加元；2010年年12月1日起，又把个人净资产额从80万加元提高到160万加元；投资额从40万加元提高到80万加元。

大量的申请案，导致审核等待时间过长。申请周期在2年左右绝算不上很长。大幅度提高投资移民资产条件和投资额，本意之一是为了吸引更多的资金，同时也为了限制申请人数量，减少积压案。本来大家都预测投资门槛提高了以后，申请人的数量会大大减少。但令许多人没有想到的事情是，涨价以后，申请人数在经过一个非常短暂的调整期以后，数量有增无减。鉴于近年来递交投资移民申请案的积压，也鉴于申请人数量的激增趋势，所以，联邦移民部把2011年7月1日至2012年6月30日一年的受理的案件数目限制在700个家庭。联邦这一整年的受理名额，在2011年7月4日首次接受申请的当天，700个名额便已爆满了。

在加拿大，由于魁北克省握有相对较大的自治权，移民审批主要是掌握在省政府手中。投资渠道是通过省政府指定的投资基金公司来实现的。同样，魁省投资移民的申请条件也和联邦移民项目同步调整。即：净资产额从旧标准下的80万加元提高到160万加元，投资额从40万加元增加到80万加元。

1. 联邦投资移民

加拿大政府欢迎事业有成的商人来加寻求新的发展，因此设立了联邦投资移民项目。此项目所获得的所有投资款由联邦政府进行统一管理，分配给除魁北克省以外的其他省份。因为魁北克省通过其特有的魁北克投资移民项目而得到的投资款都由其自己支配，所以联邦不再分配投资款给魁北克省。

加拿大移民部目前使用的评分标准自2004年6月23日颁布以来，至今仍未改动。

（1）项目简介

加拿大联邦投资移民项目（Federal Investor Program）是加拿大商业移民计划的一个重要组成部分。投资者通过联邦政府授权的基金投资加拿大政府担保的投资项目，通过审核合格后，获得全家人永久居民签证（包括主申请人、配偶及子女。如果主申请人的父母及其配偶的父母想要申请移民身份，则需等到申请人登陆后为他们担保方可申请）。投资方式与魁北克项目非常类似，此项目由于有专业基金管理人代为管理投资，投资者无须自己在加拿大创建企业。

项目特点如下：

第4章
加拿大商业移民

🍁属于被动投资，投资者没有必须在加拿大经营管理企业的义务。

🍁在通过审核后才进行投资，投资由加拿大政府担保，无投资风险。

🍁申请人可以选择从银行贷款的方式完成投资，这样既可以减小资金流的压力也可以减小外汇兑换率的风险。

🍁对申请人的学历、语言能力、年龄没有严格的限制。

（2）申请条件

🍁拥有大于160万加元的净资产并能够证明资金的合法来源（资产包括申请人在企业中所占股份、私人不动产、银行存款，股票和其他有价证券等）。

🍁申请之前的五年中至少有两年以上成功的企业管理经验，如企业所有者或股东，高级管理人员等。

（3）投资要求

愿意向加拿大政府指定的基金进行80万加元的投资（投资期限为五年，投资期满后三个月内可以拿回本金。无利息）。普遍的做法是采用从加拿大银行贷款投资的方式，一次性支付给投资基金银行贷款利息及管理费22万加元，由基金代为完成投资责任。投资者无须自己在加拿大创建企业。

（4）政府申请审核费（政府有时会调整收费，以申请时有效数据为准）

🍁递交申请材料时缴纳加拿大联邦政府的申请费：主申请人每人1,050加元，配偶和22周岁及以上的子女各550元，22周岁以下子女每人150加元（不含22周岁）。

🍁体检通过后、获得签证以前缴纳登陆费：主申请人/配偶每人各490加元，子女不需要交纳登陆费。

（5）申请流程（以下为普通流程，有时先从简易申请开始）

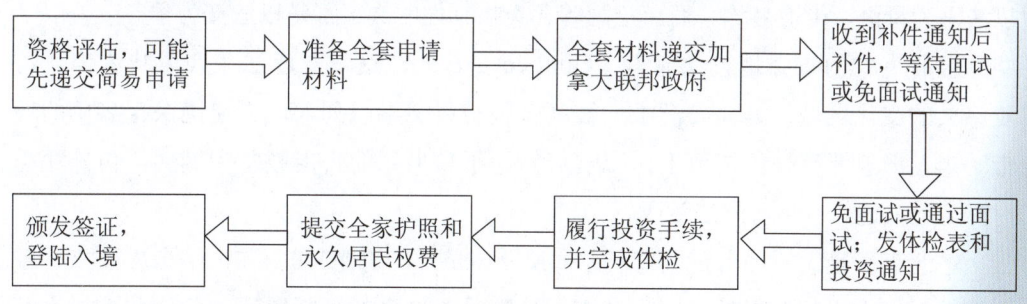

（6）联邦投资移民、企业家移民的评分标准

移民留学专家导航

下表为联邦投资移民、企业家移民的评分标准。满分100分，35分为通过线。

管理经验年限：在申请前的5年中：2年：20分；3年：25分；4年：30分；5年：35分
受教育背景：同联邦技术移民　最高25分
年龄：同联邦技术移民　最高10分
语言能力：同联邦技术移民　最高24分
适应能力：如果在审核完毕之前赴加拿大进行商务考察，或者参加了联邦及省政府举办的商业移民的活动，可以获得6分。

注：企业管理经验的定义（管理的企业具备下列4项条件中2项即可）：
①有2个以上全职雇员，或者，管理5个或以上的全职员工。
②年营业额50万加元。
③年赢利5万加元。
④年终时的公司净资产达到12.5万加元。

从以上评分标准来看，如果主申请人最近5年都在盈利企业的管理岗位上，仅此一项就达到了35分的通过线。其他方面似乎就不重要了。但真正的难点不在这里，而在申请材料的准备。一般说来，商业移民的申请材料比较复杂，而往往被拒签的理由也并非是由于申请人分数不够，而是由于申请材料的不齐全或不规范所导致。

2. 魁北克省投资移民

魁北克省是加拿大第一大省，也是加拿大的历史发祥地。魁北克省南接美国纽约州，北至北极圈内，土地面积有150万平方公里，人口700多万，其中近80%的居民以法语为母语。街道名称、商店招牌等各类指示性的文字都是以法文为主。

魁北克省的省会是魁北克市（Quebec City）。这是一座法兰西风味浓郁、历史悠久的文化名城，是北美洲唯一被联合国教科文组织列入世界遗迹保存名单的城市。走在旧魁北克城的街道上，观赏着始建于17世纪的古老教堂和城堡，仿佛穿越时空隧道抵达数百年前的法兰西。

魁北克省最大的城市是蒙特利尔（Montreal），约在350年前由法国人建立，曾在很长时期内为加拿大的第一大城市，后随着多伦多的不断发展，蒙特利尔成为继多伦多之后的第二大城市。1967年蒙特利尔举办过规模宏大的世界博览会，1976年承办过奥运会。

蒙特利尔人口有300多万，法语居民占多数。蒙特利尔的市旗图案是由四朵小花

第4章 加拿大商业移民

组成的，分别代表最早建设蒙市的英格兰、法兰西、苏格兰和爱尔兰的移民。

蒙特利尔最引人注目的文化景观就是大大小小、风格各异的教堂，每跨一两个街区便可看到一个教堂。其数量之多（约450座），甚至超过了古城罗马。

蒙特利尔并不因古老而缺乏现代化色彩。其作为加拿大国际贸易和金融中心之一，也是魁北克省经济、文化生活的中心。由于多年以来打下的基础，其工业产值现仍居全国第二位。

蒙特利尔也是一座大学城。共有4所规模宏大的大学：麦吉尔大学（McGill University）、康科迪亚大学（Concordia University）、蒙特利尔大学（Universitie de Montreal）和魁北克大学（Universitie de Quebec）。前两所以英语教学为主，后两所采用法语教学。

（1）项目简介

魁省投资移民条例对申请人的净资产、管理经验及投资额的要求与联邦投资移民条例大同小异。魁省投资移民项目（Quebec Investor Program）是投资者通过魁省政府授权的基金投资给魁省政府担保的投资项目，通过审核合格后，可获得全家人的加拿大永

蒙特利尔大赌场

移民留学专家导航

久居民签证。

（2）对申请人的要求条件

根据2010年12月1日开始实施的移民法规，对申请人的基本要求如下：

拥有大于160万加元的净资产并能够证明资金来源以及资产积累的合法性（包括申请人在企业中所占股份、私人不动产、银行存款、股票和有价证券等）；过去五年中至少有两年以上的管理经验，如企业所有者或股东，企业或非企业机构的高级管理人员等。

（3）投资要求

愿意向魁北克政府指定的基金进行80万加元的投资（投资期限为五年，投资期满后三个月内可以撤回本金。无利息）。普遍的做法是采用从加拿大银行贷款投资的方式，一次性支付给投资基金银行贷款利息及管理费22万加元，由基金代为完成投资责任。投资者无须自己在加拿大创建企业。

铁锚成为蒙特利尔老城区的标志

（4）项目特点

投资移民的义务仅限于投资者做出投资，没有自己在加拿大经营企业的义务；在通过面试或免面试后才将资金投入；申请人如选择通过加拿大银行贷款的方式投资，可减小资金流的压力，同时也规避了外汇兑换率的风险；对申请人的学历、语言能力、年龄方面，没有严格的限制。

（5）魁北克投资移民评分标准

本标准于2006年10月16日起正式执行，总分94分，40分通过。详情如下：

第4章 加拿大商业移民

🍁 学历 满分：13分

高中毕业	2分	三年制技术专科（魁省学制）	10分
中专毕业	6分	大专、本科	11分
普通两年制专科（魁省学制）	4分	硕士	13分
一年制技术专科（魁省学制）	6分	博士	13分
两年制技术专科（魁省学制）	6分		

🍁 管理经验 满分：10分

少于3年	0分	4年	8分
3年	6分	4.5年	9分
3.5年	7分	5年以上	10分

🍁 年龄 满分：10分

18～35岁	10分	38岁	4分
36岁	8分	39～45岁	2分
37岁	6分	46～50岁	0分

🍁 语言能力 满分：22分

法语流利	16分	英语流利	6分

🍁 曾在魁北克居住或在魁北克有亲属 满分：9分

在魁北克全职学习1学期	4分	因其他原因在魁北克停留2～3周	1分
在魁北克全职学习2学期	6分	因其他原因在魁北克停留3周以上	2分
在魁北克工作3个月以上	4分	配偶或事实配偶在魁北克定居	3分
在魁北克工作6个月以上	6分	子女、父母或兄弟姐妹在魁北克定居	3分
在魁北克商务考察一周	2分		

🍁 适应能力 满分：5分

🍁 同意投资 满分：25分

（6）申请费用

1）递交申请材料时缴纳魁北克省政府的审核费：主申请人3,899加元，配偶及

子女审核费各152加元。

2）魁北克省政府面试通过后，缴纳加拿大联邦政府的审核费：主申请人1,050加元，配偶以及22周岁以上（含22周岁）子女各550加元，22周岁以下申请人每人150加元。

3）体检通过后，获得签证前缴纳登陆费：主申请人及配偶各490加元。

（7）申请流程

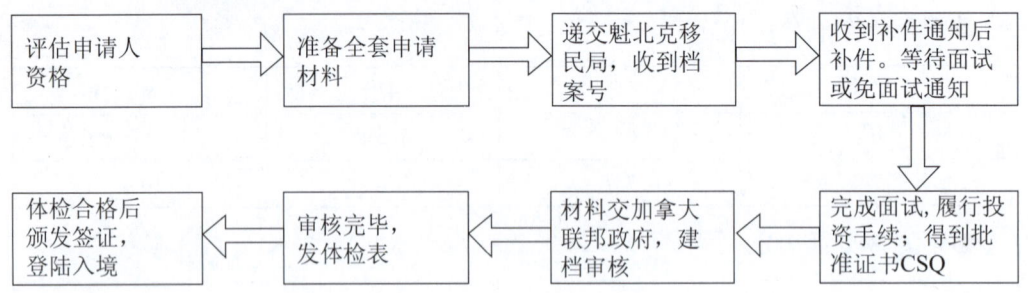

二　企业家移民

（注：自2011年7月起，联邦企业家移民类别暂停受理。何时恢复等候通知。）

1. 基本条件

🍁个人净资产达到30万加元以上。

🍁过去5年中有至少2年的企业管理经验（管理的企业具备下列四项条件中2项即可）：

第一，2个以上全职雇员，或管理5个或以上的全职员工。

第二，年营业额50万加元。

第三，年赢利5万加元。

第四，年终时的公司净资产达到12.5万加元。

2. 附加条件的永久居民签证

移民申请批准后全家获得有附加条件的永久居民签证，在其他方面享受与其他永久居民同样的待遇（同样需要每5年在加拿大累计居住2年以上）。入境之后必须在3年之内取消附加条件。

3. 附加条件的取消

企业家移民自登陆后的3年内必须达到如下条件，才能使签证变成无附件条件的签证：

🍁 至少有一年拥有一个"合格的加拿大公司"33.33%以上的股份，并亲自对其实施管理。

🍁 该企业必须至少为申请人及其家属以外的加拿大公民或永久居民创造一个全职的工作机会。

合格的加拿大公司的条件：
（具备下列4项条件之2项即可）

🍁 有2个以上全职雇员。
🍁 年营业额25万加元。
🍁 年赢利2.5万加元。
🍁 公司净资产达到12.5万加元。

加拿大各省省旗

"合格的加拿大公司"指的是全资公司。若公司有2～3个股东，条件按相应比例计算。

4. 投资移民和企业家移民之间的异同

共同点是两者都需要有成功开办或管理企业的经历和经验；都应该有一定的"凭自己的努力"所积累的资金，并且能提交材料和证据证明这些资产是合法所得。

不同点是对投资移民有明确的财产和投资额的要求，而对企业家移民没有硬性的规定。投资移民成功后，不需要本人参加企业运作，只是借款给加拿大企业，或通过基金公司贷款完成此任务，只需付一定的利息和管理费。入境后可以从事任何

职业，包括开办企业（但不是必须）；但企业家移民必须要自己开办企业，并且此企业在3年内必须通过当地政府的评估，评估合格后才能取消附加条件，否则企业家会被通知离境，签证随即作废，移民申请至此宣布前功尽弃。而投资移民没有这样的风险。

企业家移民的申请费用和评分标准与加拿大联邦投资移民相同。

三 自雇移民

自雇移民（Self-employed Persons）是指能对加拿大经济、文化、艺术的某一领域做出贡献，并且具有特殊才能，有自谋职业的经历，或有能力在加拿大自雇的人士，如音乐家、画家、运动员、体育教练等。如果申请人有农场管理的经验，有意向和能力到加拿大购买和管理一家农场，也可以申请自雇移民。

很多加拿大人体会不到"拥挤"的滋味

第4章
加拿大商业移民

申请自雇移民要求申请人在申请前的5年当中，至少有2年以上的相关经历。相关经历指的是"自雇"经历或者参与国际水平的体育、艺术活动的经历。这里所说的"自雇"，不包括受雇于人，领取薪水的经历。并且申请人也要提供其自雇期间的经济状况的证明。对自雇移民申请的审核，通过与否的关键取决于移民官能否确信其抵加后成功自雇的可能性。

自雇移民申请人必须有能力，同时有意愿到加拿大开办一个小型公司，相当于个体经营者或自由职业者。

自雇移民入境后，政府当然希望其以自雇的方式从事与其从前所从事的体育、艺术相关的工作。但不必像企业家移民那样建立企业并获得成功，因此压力较小。如果开办公司，无论是自雇还是同时雇佣其他人，都是可以的。已经成为落地永久居民的自雇移民，如果出于某种原因没有成功地谋求自雇方式，即使受雇于人也不违法，也没有取消身份的"条件"。因为，其签证为无条件的移民签证（相对于企业家的有条件签证而言）。

1. 自雇移民的类别和基本条件

自雇移民的类别和基本条件如下：

🍁 国际知名的艺术家，如画家、摄影师、音乐家（歌唱家、作曲家）、导演、舞蹈家等，在5年内参加过（2年以上）国际级艺术活动。

🍁 在递交申请之前的5年内参加过2年以上国际级体育竞赛，并取得好成绩的运动员。

🍁 从事艺术商业活动的人士，如画家、音乐家（歌唱家、作曲家）、舞蹈家等，在5年内有2年以上的"自雇"经历，并在经济上有较高收入者。

🍁 从事体育商业活动的人士，如体育教练、裁判等，在5年内有2年以上的"自雇"经历，并在经济上有较高收入者。

🍁 农场经营者，在5年内有2年以上的"自雇"农场经营经历者，并在经济上有较高收入（由于中国的农业经营与加拿大差别巨大，中国的农民中，很少有人能够达到标准）。

以上人士必须有意且有能力在加拿大成功地建立或购买企业，能够为自己创造就业机会，并对加拿大的文化、艺术、经济有所贡献。

2. 申请费用

自雇移民的申请费用与联邦投资移民相同。

3. 自雇移民的评分标准

下表为自雇移民的评分标准，总分100分，35 分为通过线。

最后5年中的相关经验：2年：20分；3年：25分；4年：30分；5年：35分	
受教育背景：同技术移民	
年　　龄：同技术移民	
语言能力：同技术移民	
适应能力：以下各项总和最高不超过 6 分，如果超过了6分，按6分计算	
1．随行配偶的受教育程度	
1～2年中学以上的学历，且受教育总年限为13年以上（配偶教育12～15 分）	3分
3年中学以上的学历，且受教育总年限为15年以上（配偶教育22分）	4分
3年大学学历，且受教育总年限为15年以上（配偶教育相当于20～22分）	4分
硕士或博士，且受教育总年限为17年以上（配偶教育相当于25分）	5分
2．本人或随行配偶（17岁以后）在加拿大学习（高中以上）课程的经历	
≥2 年的全日制学习	5分
3．本人或随行配偶在加拿大工作的经历	
≥1 年的全日制工作（持有合法的工作许可）	5分
4．本人或随行配偶在加拿大有亲属	
亲属现居住在加拿大境内	5分

如果想了解加拿大商业移民的最新动态，请登录北京加中寰球投资咨询有限公司网站：www.gotocanada.com.cn

immigration

第4章
加拿大商业移民

加拿大的年轻人朝气蓬勃

建于1829年的蒙特利尔Notore-Dame大教堂

第5章
加拿大省政府提名项目

加拿大省政府提名项目

　　加拿大联邦政府把移民事务的权利适度下放，推出了移民的省政府提名项目。省政府提名项目是加拿大联邦政府和省政府协商制定的，某些省份根据本省的具体情况，有针对性地制定适合本省人口繁荣和促进本省经济发展的移民项目，由各省政府设立的移民处甄选移民候选人，审查合格后报送联邦移民部做最后的审核，经确认符合条件后签发永久居民签证。根据申请人的背景条件，一般分为省提名企业家移民和省提名技术移民两种，有的省还有亲属担保项目，可以有条件地担保第一类、第二类亲属以外的某些亲属。第一类亲属指配偶、经济上不独立的子女；第二类指父母、祖父母。

　　到目前为止，大多数的省份都有自己的省提名移民项目。当然，每个省录取的合格条件和审核程序是不同的。就总体而言，和传统的联邦移民项目相比，省提名项目对申请人的条件要求稍低一些。

　　由于以前爱德华王子岛在推行省政府提名项目的时候对移民申请人投资的监控不够严格，在某种程度上与联邦政府的政策导向有出入，2008年，加拿大移民部对省政府提名项目（PNP）做出了政策性调整，法规大概涉及共9条14款的内容。新法规的主要宗旨是鼓励新移民到加拿大自主投资创业，自己积极地参加企业管理。更加强调了这种项目为"主动投资"的要求。对只是把钱投入某公司，自己不参与企业管理的所谓"被动投资"将予以拒绝。新法规明确规定申请人不能通过金融机构

来管理自己的投资,也不能参加含有保证归还投资性质的投资计划,更不能参加任何机构或个人设立的专门为吸引投资而做出的"被动投资"计划。

联邦(2008年9月2日实施)对于省政府提名计划法规的主要调整的内容为:

🍁该投资由申请人提供,必须投资到申请的省份里进行积极的企业运作,而不是投资到那些仅以获得投资收入为目的(比如利息、红利和资本收益等)的项目上。

🍁申请人如果与别人合伙,或投资到已经存在的企业,则必须满足:

第一,占到1/3或1/3以上的公司股份。

第二,若无法占到1/3或1/3以上的公司股份,则投资额至少为100万加元。

🍁申请人必须积极参与其投资或创办的企业进行经营管理。

🍁申请人投资企业的合同条款中不能包括到期偿还投资或担保等性质的条款。

以下列举几个有代表性的项目。

一 萨斯喀彻温省提名项目

1. 萨省简介

萨斯喀彻温省(Saskatchewan)位于加拿大中部偏西的位置上,东接曼尼托巴省,西邻艾尔伯塔省,其南部边境与美国的蒙大拿(Montana)和北达科他州(North Dakota)相连。萨省占地超过65万平方公里,可耕地占全加拿大第一,有"加拿大粮仓"之美誉。在广阔的平原上,大小河流、湖泊和沼泽星罗棋布,也被称为"万湖之省"。本省有一半以上的区域覆盖着茂密的森林,1/3的土地是农业用地,1/8的区域是湖泊。

这里生活着100余万人口,多数居民为欧洲血统,平均寿命男性为77岁,女性82岁。尽管该省的经济基础是农业,但2/3的人口居住在城市或城镇里。本省人口的受教育水平很高,在就业人口中,平均有59%的人受过高等教育。普遍使用的语言为英语。

这里的气候四季分明,夏季日照时间很长,通常是温暖而干燥的。冬季大约始于11月份,阳光充足,但大多数时间气温在零度以下,有时遇到北方刮来的大风,气温会骤降,极端温度可能达到零下30~40度。冬季白雪皑皑,但从4月份开始,

第5章
加拿大省政府提名项目

春天又回到萨斯喀彻温。萨省的平均气温：夏季（6~8月）25℃，秋季（9~11月）10℃，冬季（12~2月）-8℃，春季（3~5月）9℃。总之，萨省除了冬天冷些，雪多些以外，春、夏、秋三季还是非常舒适的，景色也非常漂亮。

萨省自然资源非常丰富，属于资源型大省，地上、地下都是宝藏。地上是一望无际的肥沃土地，不但是加拿大，而且也算得上是世界级的粮仓，盛产优质小麦和油料作物。地下蕴藏着丰富的矿产资源。萨省是加拿大第二大原油产地（艾尔伯塔省排第一），已探明的原油约为9.44亿桶，还有约250亿桶的重油储量；天然气储量也很丰富，约有693亿立方米。萨省的钾矿储量占全世界的35%；还拥有全世界30%的铀矿。除此之外，本省还有金矿、铂金矿、钻石矿等。

在这里生活的人口虽少，但其能源、矿产、农牧业、林业都在加拿大占有举足轻重的地位。萨省的劳动力成本相对较低，其经济以稳定和扎实的增长著称。由于人均土地面积大，目前的土地价格也很低，相应的其房地产价格也很低。随着外来人口的增加和经济的发展，目前的房地产应该有很大的升值潜力。

资源经济和国际贸易是萨省经济的基石，全省总产值的约70%来自出口。主要出口商品为原油、谷物和油料作物、氯化钾等，主要进口商品有机械设备、矿山设备、车辆及零配件、通信器材、工业、电力设备等。主要进出口贸易伙伴包括美

在萨省的河里搏击激流

移民留学专家导航

国、墨西哥、德国、日本、英国、意大利、中国等。萨省的农业产值占全加农业产值的15%。

萨省的高尔夫运动非常流行，全省拥有250多个高尔夫球场，人均拥有高尔夫球场的数量居世界首位。

里贾纳（Regina）和萨斯卡通（Saskatoon）是萨省的两个主要城市。里贾纳是萨省的省会，约有20万人口。随着1882年加拿大太平洋铁路的开通，在火车站所在地沃斯卡纳河（Wascana Creek）的人口很快增长了起来。在市中心的东南角，一座人造大坝将整条河拉宽，造就了沃斯卡纳人工湖。湖边的沃斯卡纳中心是里贾纳的娱乐和文化活动中心，有省议会大厦、Joe Moran美术馆和里贾纳大学校园、萨斯克川艺术中心、蒂芬贝克田园、萨斯克川皇家博物馆、麦肯锡艺术馆和萨斯克川科学中心等。

里贾纳是萨省的经济、金融和工业中心。该城的主要制造业产品包括水泥、肥料和钢铁。里贾纳也是一个重要的石油中心，拥有自己的炼油厂。

萨斯卡通有人口约25万，是萨省最大的城市和工商中心，是一个将大都市和小城镇的优点很好地结合起来的城市。近年来，萨斯卡通的经济发展极好，工作机会非常多，失业率极低。在萨省企业家移民刚刚兴起时，2007年的平均房价非常低，一座附带地下室和车库的两层别墅平均价格仅仅约20多万加元（约合150万～180万人民币）。同样的房子，这里的价格只相当于卡尔加里的一半左右（卡尔加里若干年前房价也很低），但随着经济的发展，人口的增加，房价节节攀升。到了2010年，房产的价格就上升了50%～70%。即使如此，在今后的最近几年如果在萨省购房，将来还是会升值的。因为萨省的经济在发展，城市在扩大，人口在增加，刚性需求是上升的。

里贾纳和萨斯卡通机场都有全国性和地区性航空公司的航班。在萨省有1号横贯公路和省内支路与省内外城镇相连。加拿大灰狗公司每天都有前往加拿大各个地方的公共客车。每天穿梭往返于萨斯卡通和里贾纳之间的客车也很方便。

2. 萨省提名项目介绍

萨省提名项目（SINP）是比较简便、快捷的投资移民方式，是赴加拿大定居的可供选择的途径之一。此项目是加拿大联邦政府和萨省政府协商制定、由省政府进行甄选确定，并通过联邦审批后获得永久居住权的移民项目，此项目的核心内容就

第5章
加拿大省政府提名项目

萨斯卡通农业局

是允许萨省从世界范围内招募、提名合格的商业人士到萨省投资建立企业或投资到现有企业中。

（1）申请条件及投资要求

🍁（在最近的5年内）拥有3年以上的经商经验或赢利企业的管理经验。

🍁通过合法途径拥有30万加元以上的净资产。

🍁面试前可以到萨省若干天，其中包括考察投资项目、了解环境和参加省政府安排的面谈。新审核规定要求对申请人来本省的投资、定居的诚意进行评估，打分（100分满分，必须得到55分）。

🍁愿意投资至少15万加元，以开创一个新公司或购买一个现有的企业；或参股一个现有的企业，并且必须占有33.3%以上的公司股份（如果小于33.3%，股权价值应大于100万加元），同时申请人要参与日常的管理工作。

🍁需要向省政府缴纳7.5万加元的抵押金，此押金可以在实施商业计划6个月后

要求退还。

由此看出，此项目对申请人的条件要求相对投资移民更宽松，没有流利英语及高等学历的要求，申请人只要证明有3年以上的企业管理经验，拥有通过合法途径取得的总资产30万加元，便具备申请资格。但他们必须来本省进行主动投资，并且本人要积极参与企业的管理运作。这些要求使得省政府提名项目的申请人需要完成的事情比较多，责任也比较大。

（2）申请费用

申请萨省提名项目费用如下：

🍁萨省政府收取2,500加元的申请费。

🍁获得省提名证书后，申请人交纳7.5万加元保证金到萨省政府指定账户。

🍁缴纳联邦政府审核费：主申请人1,050加元；配偶及22岁以上（含22周岁）子女550加元；22岁以下子女150加元。

🍁联邦审核通过（获得体检表）之后，获得签证前需缴纳联邦登陆费，主申请人及配偶各490加元。

3. 萨省优势

萨省作为移民目的地的优势如下：

🍁商住楼宇价格非常低，租金低，自然环境优美。

🍁萨省是加拿大人均占有资源最多和经济实力最强的省份之一。

🍁是全国企业经营成本最低的省份之一。

🍁紧邻美国，到北美洲的任何地方都非常便利。

🍁蓬勃发展的经济正为该省各行各业创造就业和投资机会。

🍁由于自然资源丰富（尤其是储量丰富优质的石油、矿产资源），经济发展潜力大。

🍁萨省是养育孩子的好地方，居民非常重视家庭观念；拥有安全、友好的社区，可以让孩子更快地融入到加拿大的社会生活中去。

🍁完善的教育体制和非常好的大学。

🍁拥有2个国家公园和23个公园，有大量的户外活动场所。

联邦、魁北克投资移民项目与萨省提名项目的比较如下表。

第5章
加拿大省政府提名项目

类别	联邦、魁省投资移民项目	萨省提名项目
资产要求	160万加元以上	30万加元以上
投资金额	80万加元（5年后返还本金）或22万加元（不返还）	15万加元（作为自己在萨省开办企业和投资入股的本金，属于自己的财产）
投资方式	投资给魁省政府认定的企业	投资自己开办的企业或入股自己选择的企业
可选行业	由政府指定基金操作。被动投资，无回报	客户可以根据自己的兴趣、特长或风险分析在不同领域自由选择新建、入股或购买企业。主动投资，收益归投资人。
投资计划	无	要有《商业计划书》
办理时间	一年半至两年	两年左右
签证类型	无限定条件永久居民签证	无限定条件永久居民签证（但需要完成投资才可以领回抵押金）

　　萨省提名项目最适合那些想获得加拿大永久居民身份，又真正有意在加拿大创办企业的投资类申请人。因为该省政府从政策和要求上都大力支持这样的申请人。萨省政府要求申请人必须实地考察该省的投资环境并从政府层面上给予方便和支持，最终使申请人真正在该省投资，成功兴办企业或入股参与企业运作，并在该省居住。这样做既实现了该省政府吸收外资发展当地经济的目的，申请人也实现了移民加国的同时，成就了在加拿大的事业。 由于对申请人实际拥有的资金数额要求低，所以它特别适合达不到魁省和联邦移民项目要求的申请人。

　　由于萨省提名项目的名额有限（每年200多个），建议申请人及早做出申请。

里贾纳的街道

4. 申请流程

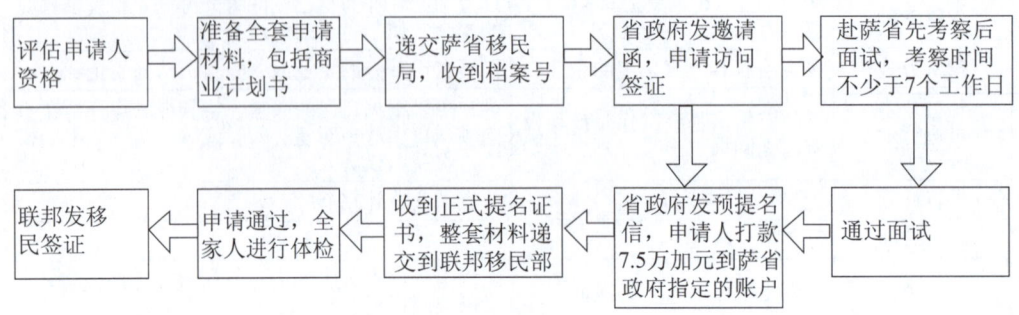

二 曼尼托巴省商业移民提名项目

1. 曼省简介

曼尼托巴省（Manitoba）位于加拿大的中部，但被划分为西部省份之一。西邻萨斯喀彻温省，东接安大略省，其南部边境与美国的北达科他（North Dakota）和明尼苏达州（Minnesota）相连。全省面积约65万平方公里，一半以上覆盖着森林；人口120万，首府温尼伯（Winnipeg）就有近70万人口，温尼伯是该省经济、社会和文化的中心，也是全国的铁路、公路和航空枢纽。曼尼托巴的南部和西部有大量的农业用地，中北部是针叶林和冻原。

曼省没有西部其他省丰富的矿产资源，但拥有丰富的水力资源，为邻近省份和美国提供充足的电力供应。由于成本低廉，许多大的制造业和服务业都在这里落户。曼省虽然也属于加拿大的农业大省，但是在传统资源和新型高科技工业的带动下，该省的经济正向多元化方向发展。

在温尼伯附近的河里垂钓，钓到的鱼好大呀！

第5章
加拿大省政府提名项目

曼尼托巴省的文化、体育和娱乐活动也非常丰富。包括多元文化节等民间文化庆典，置身其间，可以领略到这里的多元民族文化气息。在骑马山国家公园等地，森林浩渺，湖泊晶莹，野生动物惬意地徜徉，偶尔，数十头的野牛会同时在湖畔的草地上奔跑。曼尼托巴省美丽的大自然是人们陶冶身心的好地方，在这里，你可以骑马、游泳、划船、打高尔夫等，尽情享受美好的生活。此外，省会温尼伯的人类和自然博物馆是加拿大最好的博物馆之一。

在曼省北部原野，你可能会邂逅美洲野牛

2. 项目简介

曼尼托巴省商业移民提名项目（PNP Program in Manitoba）与萨省的商业移民提名计划（SINP）非常相似。该计划允许曼省自行招募、提名合格的商业人士在本省投资建立企业或投资到现有企业中。

3. 申请条件及要求

🍁 个人净资产不少于35万加元，资产形式包括现金、存款、股票、房产、公司资产等；资产来源可以是申请人个人资产积累、财产赠与、遗产、仲裁所得、夫妻共有财产等。

🍁 3年以上企业主管理经验，或在一个成功企业中至少3年的高级管理经验。

🍁 申请人需要到曼省进行为期至少7天的考察并参加省移民官安排的面谈；提交相关申请文件及商业计划书。

🍁 需投资15万加元以上到曼省已经存在的企业（占33%以上的股份）或创建一个新企业并参加实际经营管理。

4. 申请程序

曼省项目的申请程序如下：

- 递交初审材料至曼省移民局，经省移民局审核批准后，签发短期考查邀请函。
- 向加拿大驻华使领馆申请短期访问签证。
- 申请人获得访问签证后到曼省进行为期7个工作日的商务考察并与移民官面谈。
- 面谈通过后将全套申请材料（包括完整的商业计划书）递交曼省政府，批准后向省政府缴纳7.5万加元的押金（此押金可以在申请人按照已经批准的投资计划书建立企业后被退还），获得省提名证书。
- 递交全套联邦申请材料，联邦审核合格后签发体检表。
- 体检通过，全家获得移民签证。

5. 基本费用

申请曼省项目的基本费用如下：

- 曼省面试费50加元。
- 联邦申请费：主申请人550加元，配偶及22周岁以上（含22周岁）的子女550加元；22周岁以下的子女150加元。
- 登陆费：主申请人及其配偶每人交纳490加元。

6. 曼省商业移民提名项目的优势

与萨省商业移民项目相似，曼省商业移民提名项目对申请人的商业背景、受教育程度、语言能力、年龄要求相对比较宽松；同时对申请人的资产额要求较低。申请过程中也可以先获得工作签证，登陆加拿大提前筹办自己的企业。因此曼省商业移民提名项目一直受到广泛欢迎。曼省的各类移民，包括曼省商业移民项目，曼省技术移民项目、曼省家庭团聚项目的总体数额，仅次于魁北克省的省移民数量。

在申请程序上，由于曼省在第一阶段是简单申请，案件启动便捷，故受很多人的欢迎。尤其是在2010年7月以后，由于联邦投资移民停止收件，大量的申请案涌入曼尼托巴，致使其造成大量积压。在9月份递交的申请，要等待一年才能面试，而10月份的申请，就要等待两年。到11月份的申请，若排到面试，将要等待近3年的时间。申请踊跃的程度可见一斑。

三 爱德华王子岛省提名项目

1. 爱德华王子岛省简介

爱德华王子岛（Prince Edward Island，PEI）省是欧洲人最早发现的加拿大土地，位于大西洋沿岸的圣劳伦斯海湾中，在纽布郎斯威克省东面和诺瓦斯高莎省的北面。它是加拿大最小的省份，面积有5,657平方公里，人口约14万，平均每平方公里25人，人口密度居全国之首。受大西洋的影响，一年中气温较平均。爱德华王子岛省的生活宁静而祥和，人们有更多的时间与家人在一起，享受轻松和无忧无虑的生活。那里是孩子们的梦想天地和成年人的世外桃源。

全岛长度约220公里，最宽处约50公里，堪称迷你省。首府夏洛特城是加拿大联邦的诞生地，联邦协定于1864年在这里签署，目前是岛上最大的城市，人口约为3.5万。世界最长的跨海大桥由爱德华王子岛通往纽省，全长约13公里。人们可经由多伦多、哈利法克斯、蒙特利尔、渥太华、纽约、波士顿等城市前往爱德华王子岛。往美国纽约只需飞行1个小时，往多伦多约需2个小时的航程。

爱德华王子岛风景秀丽，有"海湾公园"之雅称，是北美主要的旅游观光地之一。旅游收入是爱德华王子岛主要的经济来源。由于气候绝佳，风景优美，每年有130万人前来旅游，接近全省人口的10倍，旅游以高尔夫球、海上活动、休闲度假、露营、观赏美丽的海岸线及欧洲美食文化为主。岛上拥有3条迤逦的景观路线，人们可以驱车游览，尽赏山光水色。岛上的旅店、餐厅、商店和娱乐场所非常兴旺，有些家庭还会提供住宿与早餐服务，不仅价格便宜，比住酒店还要舒适。

岛上农产富庶，农产品以马铃薯为主，是北美最大的薯条供应地；海产丰富，沿海盛产龙虾、生蚝，味美价廉，是旅游者的美食天堂。

近年来，爱德华王子岛省政府着力发展信息技术产业，建立信息技术中心。目前信息技术产业已初具规模，拥有80多个信息技术公司，这些公司每年向省政府提供1.4亿加元的税收收入。

爱德华王子岛的教育状况和水平居加拿大中等偏上的位置，教育质量、校风等都很好，非常适合重视儿童教育的申请人居住。

2. 爱德华王子岛提名项目介绍

加拿大公民及移民部与爱德华王子岛省政府于2001年3月签署协议，授予该省自主提名移民的权利。据此协议，省政府推出了适合中国商业移民的爱德华王子岛提名项目（PEINP）。曾经一度，爱德华王子岛提名项目对申请人条件要求非常灵活，时间短，程序简单，在2005～2008年上半年吸引了不少投资者。但是，由于本省对申请人的"主动投资"监管不严，2008年下半年，PEI省提名项目的商业移民类别被联邦政府关闭。2011年3月联邦政府同意其重新启动此项目。

由于之前遭到了联邦政府的监管壁垒，爱德华王子岛提名项目对申请人的要求，尤其是对主动投资行为和来本省定居的要求变得严格了。本省目前的要求如下：

（1）申请条件和投资方式

- 申请人年龄在49岁以下，高中以上学历，具有三年以上管理经验。
- 提供过去三年内有效雅思考试成绩单（最好5分以上），如无语言成绩，则先要交纳两万加元的英语保证金。
- 合法资产超过40万加元。
- 缴纳10万加元投资保证金，完成投资后由政府返还保证金。
- 最少投资15万加元入股、购买或新建一个生意，可以选择以下方式：

第一，独立经营：拥有企业100%的股份；

第二，股份经营：持有企业至少1/3的股份，或投资的资产总额达到100万加元。

（2）申请费用（官方收费）

- PEI省商务考察签证费75加元。
- PEI省申请费2,500加元。
- 语言保证金1万加元。
- 居住保证金2.5万加元。
- 投资保证金10万加元。
- 要求投资金额15万加元（自己名下）落实商业计划。
- 联邦申请费每人550加元，主申请人、配偶及22周岁以上（含22周岁子女），22周岁以下子女每人150加元。
- 联邦登陆费每人490加元（主申请人及配偶），子女免费。

第5章 加拿大省政府提名项目

（3）本项目的优势及劣势（相对于申请人而言）

优势

🍁 办理周期相对短。

🍁 申请条件低，签证率高。只需40万加元的总资产，且对于资产来源的审核及要求更灵活。

🍁 若移民成功后在PEI省定居2年以上，可担保更多的亲属移民，比如兄弟姐妹、堂/表兄弟姐妹、侄子侄女等，而且手续简洁。

劣势

🍁 押金数额较高。

🍁 对语言、居住的要求比较严格。

🍁 年龄大及低学历者没有优势。

四 不列颠哥伦比亚（BC）省提名项目

1. BC省简介

位于加拿大西海岸的不列颠哥伦比亚省简称BC省，老华人据此称之为卑诗省，是加拿大唯一濒临太平洋的省份。全省面积947,800平方公里，人口400多万，仅次于魁北克和安大略两省，是全国第三大省，该省南与美国华盛顿州、爱达荷州及蒙大拿州接壤，是加拿大通往亚太地区的门户。

BC省气候温和，依山傍水，风景秀丽。省内大部分面积是森林地带，环境保护良好；林木业和旅游业是本省的重要产业，每年接待来自世界各地的游客超过220万人次。坐落在温哥华北边的惠斯勒（Whisler），拥有世界上最好的雪场，每逢冬季，滑雪爱好者从世界各地纷至沓来，2010年在这里举办了冬奥会。8,000多公里悠长的海岸线养育了该省的水产业，海洋捕捞、水产养殖等相关项目是当地的支柱产业之一。

BC省的省府是维多利亚（Victoria），这是一座充满历史感的美丽海滨城市，市区随处可见十八、十九世纪的古老建筑，不论是街道景观、建筑风格，还是风俗文化都洋溢着古老而浓郁的英国风味。现任市长刘志强是加拿大首位华裔市长，目前已连任三届。

加拿大 移民留学专家导航

BC省最吸引人的地方是它有世界上最受欢迎的城市之一——温哥华。温哥华是本省最大的城市，也是加拿大的第三大城市，人口约200万。和纽约、旧金山等大城市相比，它少了一些喧闹和拥塞。优越的地理位置和自然条件使温哥华成为加拿大西海岸最大的港口和国际贸易中心。温哥华还是加拿大西海岸的文化中心，不列颠哥伦比亚大学（University of British Columbia, UBC）和西蒙弗雷泽大学（Simon Fraser University）是该市两所著名的高等学府，伊丽莎白女王剧院和不列颠哥伦比亚大学人类博物馆也是知名的文化场所。

依山傍海的温哥华位于BC省西南部。由于特殊的地理环境，温哥华市冬暖夏凉、四季宜人，冬季气温一般在0℃以上，夏季气温一般在20℃左右。其自然景致优美，如诗如画；空气和水质洁净，户外活动多种多样，被誉为世界上最美丽的城市之一。多年来，温哥华市名列联合国评选的"最适合人类居住的城市"之榜首。市内遍布着大大小小100多个公园，是名副其实的花园城市。温哥华的旅游景点很有特色，你可以追踪历史的足迹，体会印第安人的早期生活；象征北美印第安文化的图腾柱就矗立在斯坦利公园里，斯坦利公园内的温哥华水族馆，是加拿大最大的水族馆。在人来人往的唐人街，有一座由52位中国苏州工匠设计建造的中山公园，极富中国苏杭韵味，是一处难得的幽静之所。你也可以乘船出海，近距离观赏白鲸的身影。

温哥华聚集了大批中国移民，华裔人口有30多万，以香港人居多。华语成了这里的第二大语言，中国在这里设有总领事馆。现在温哥华不少公司、银行及购物中心都有讲汉语的工作人员。位于市区

斯坦利公园的印第安图腾柱

64

第5章
加拿大省政府提名项目

东部的唐人街纵横十几个街区，是全加规模最大的中国城，其规模仅次于美国旧金山的唐人街，居北美第二。唐人街上处处洋溢着浓重的香港风韵，中文随处可见，中华商品琳琅满目。

不列颠哥伦比亚省以其便利的交通条件，良好的投资环境，优

欢度国庆的加拿大人

越的投资回报，吸引了世界各地尤其是亚洲地区的移民在这里安家落户。不列颠哥伦比亚省正寻求能够致力于挖掘该省潜能，发展本省多元化经济的商业人士前来投资、创业。

2. BC省提名项目

(1) 投资在BC省任何地区的商业技能类（Business Skills）的要求

🍁 申请人的个人净资产不少于80万加元。资产形式包括现金存款、股票、债券、基金、房产、公司资产等，资产源自个人经商所得，也认可夫妻共有财产、赠与、遗产等。

🍁 申请人至少投资40万加元新建或入股一个现有的商业项目，投资额要占该商业项目资产的三分之一以上，该项目必须经BC省政府认可，至少为加拿大公民或永久居民提供3个就业机会，同时要求申请人参与公司的日常管理。

🍁 申请人应该有在BC省建立并运营企业必要的管理经验和能力。

🍁 如果主申请人需要快速取得提名，需和BC省签署一项保证金协议。要求申请人缴纳12.5万加元保证金给省政府，面试通过后直接发放省政府提名证书；如果不缴纳保证金，可以先办理工作签证，先过去投资，投资符合省移民处的要求后即能获得提名证书。然后才可以开始向联邦申请移民签证。获得签证后申请人则不再受限制（下述的地区发展类移民同此）。

移民留学专家导航

🍁主申请人可以带一位重要的外籍员工，作为联合申请人，一起申请提名。如果主申请人通过快速提名方式申请提名证书，联合申请人只能走普通申请程序，不能快速申请。如果主申请人过去后没有实际投资，则不能有联合申请人。

（2）投资在大温地区及亚博斯福地区（Vancouver Metropolitan Area & Abbotsford Metropolitan Area）以外的地区发展类（Regional Business）的要求

🍁个人净资产不少于40万加元。资产形式同上。

🍁投资项目必须建在除大温地区（Vancouver metropolitan area）和亚博斯福地区（Abbotsford metropolitan area）之外的任何地区。申请人至少投资20万加元新建或购买或入股一个现有的商业项目（投资额至少要占该商业项目资产的三分之一），至少为加拿大公民或永久居民提供1个新增加的就业机会。当然，如果你购买的企业是运营了5年以上的老企业，能维持现有的员工就业即可，并不要求一定创造新的就业机会。该项目必须经BC省政府认可，并且申请人需参与企业的日常管理。

🍁申请人应该有在BC省建立并运营企业必要的管理经验和能力。

🍁如果主申请人需要快速取得提名，与商业技能类相同，也需和BC省签署一项保证金协议。

🍁此类申请不能以联合申请人的形式带外籍员工。

（3）投资在BC省的任何地区的战略投资项目类（Strategic Projects）的要求

🍁至少投资50万加元。

🍁申请人应该有成功建立并运营企业的良好记录和经验。

🍁可以带最多5名高级员工（管理人员或技术人员），但每增加一名外籍申请人需要为当地创造3个工作机会。

🍁需和BC省签署一项履约保证书。

温哥华项目与萨斯喀彻温省项目都有一个优势，就是在面试通过以后可以先申请一个工作签证，全家可以先去温哥华创办企业。这样有4～6个月就可以成行了，对于一些迫切想去的投资人比较有吸引力。但这种方式需要大家斟酌考虑，因为在规定的时间（2年）内您所创办的企业必须满足政府的各项要求，政府并不会因为您已在加拿大创办了企业而降低对您的审核标准。也就是说，如果您的投资结果或联邦的移民审核不符合政府相关规定，您有无法取得移民签证的风险。

但值得注意的是，BC省每年都有名额限制，满足了最基本条件，不见得一定就被批准。

3. 申请流程

🍁 申请人可以先递交预审表格，如果预评估通过，递交正式的申请文件：

第一，全套申请表格；

第二，全套支持性证据（财产来源，管理经验等）；

第三，完整的《商业计划书》；

第四，主申请人的家庭要缴纳3,000加元的省提名申请费，作为联合申请人的外籍员工则另行交纳1,000加元的省提名申请费。

🍁 申请人需要去温哥华实地考察，最好在申请开始前后即赴BC省考察。一般都需要参加移民官安排的面试。如果面试通过，申请人和省政府签订一份承诺书，省政府发一份担保书，以便申请人向使馆申请工作签证，一般50天左右可以得到，然后就可以去温哥华登陆。

🍁 快速提名：如果申请人向省政府缴纳12.5万加元的保证金，省政府审核批准后可以先发出提名证书，申请人即可以开始向联邦申请移民签证。如果不交纳保证金的话，则需要等待创办的企业符合要求以后，省政府再发出提名证书。这样的话，得到移民签证的时间会很长。但如果采用快速提名的话，需要满足以下条件：

第一，获得工作签证，并已经在BC省定居；

第二，在BC省建了银行账户，有足够的钱投资；

第三，支付了12.5万加元的保证金。

在BC省政府提名计划中，高科技、生产制造业、旅游业、农业、水产养殖业都是受鼓励的行业。其他行业则视其所能提供的经济效益作特殊考虑。所有投资建议都需要能增加经济价值。

投资某些行业是不被接受的。例如：房地产开发、中介服务、家庭旅社以及以家庭为营业场所的其他生意、出租生意、货币兑换服务、自动洗车服务、旧货商店以及有损社会风化的行业。

在大温地区和亚博斯福市，以下生意也是不受欢迎的：便利店、音像制品出租店、加油站、干洗店等。

还有一些行业，例如国际贸易，虽然BC省鼓励出口，但如果投资时，没有充分的事实证明这个企业会对经济做出贡献，而表现为类似于皮包公司的形式，也很难被批准。

提交投资项目申请约4～6个月后，就能获得BC省政府的审核结果。申请人全家可以向使领馆申请BC省临时居住许可证，立即可以到BC省生活、创业，小孩也可与一般

居民一样就读公立学校。申请者执行并完成以前提出的创业计划，并获得BC省企业厅认可后，省政府随即签发省提名证书。然后即可以向联邦移民部签证中心递交申请。

4. 申请BC省投资移民的利与弊

有利方面：

🍁对投资移民申请人无学历和任何外语能力的要求。

🍁投资额度相对低（20或40万加元）。

🍁快速程序办理周期短，一般在4～6个月便可获得省政府批准。

🍁可以带中国籍职工一起申请，等于更多的人获得了移民机会。

🍁如果在获得永久居民签证之前持工作签证进入加拿大。孩子也可以随父母在加拿大读书，配偶也可以工作，享受与移民类似的待遇。

不利之处：

🍁政府不对投资人的投资资金提供担保，投资人自负盈亏。

🍁投资项目要经过政府批准。

🍁有附加两年完成投资条件的要求。如果提前赴加投资，申请人进入加拿大时持的是工作签证，而不是移民签证，投资后不能100%保证批准签证。

🍁该项目有名额限制。

温哥华海滨

五　纽布郎斯威克（NB）省项目

1. NB省简介

位于加拿大东南部的纽布郎斯威克（New Brunswick,NB）省，总人口75.6万。南北长322公里，东西宽242公里，拥有上千公里的海岸线。其西南部与美国缅因州接壤，西北部则和魁北克省毗邻，东南接诺瓦斯高莎省，东临大西洋。属于温带海洋性气候，四季分明，阳光明媚。首府弗雷德里克顿（Fredericton）位于该省中部，地处芬地湾区的圣约朝翰(Saint John)为主要的港口和工业中心。

纽布郎斯威克省近年来经济发展迅速，呈现产业结构多元化的趋势，随之产生了其相对特殊的就业需求。为适应其经济发展的需要，NB省可自主选择企业家和有专业技术的人移民本省，以弥补劳动力市场的短缺，满足就业或经济发展的需求。

2. NB省提名项目介绍

NB省自主甄选移民项目包括技术类移民和商业类移民两种。

技术类移民，要求申请者有一份由设立在NB省的公司发出的工作邀请函。公司承诺为申请人提供一个长期、稳定、工资较高的全职职位。多数情况下，申请人所申请的工种是当地劳动力市场难以寻找到的技术类型。申请人必须要达到技术类综合评分表中的50分方能申请。该表由年龄，语言，学历，工作经验和适应性等五方面所组成。

商业类移民，申请人要向省政府递交一份详细的商业投资计划书，书中所列的投资项目要对NB省经济发展有益，并获得省政府的批准。此外申请人必须要达到商业类综合评分表中的50分。该表由年龄，语言，学历，适应性和商业管理经验等5方面所组成。

对NB省商业类移民申请人的有关具体要求如下：

🍁投资人必须拥有足够的资金，独立完成第一阶段的商业计划，并保证全家人2年之内的生活开销。

需要说明的是，NB省对投资人所拥有的个人资产没有明确要求。但即便如此，申请人提供的有关个人资产的材料及证明必须使省政府相信，投资人有能力，随时可以携带足额的资金来加投资，否则商业投资计划书将不予批准。另外，在申请人的评分表中，具备个人资产25万加元以上者，可得该项的满分，反之得零分。

🍁 在最近5年内有3年以上成功的企业管理经验。

🍁 必须前往NB省做考察，并参加省移民官的面试。按照现在NB省政府的要求，参加面试的申请人应该能够用英语或法语交流，而不利于语言能力差的申请人。

🍁 必须在NB省居住1年以上，并积极地落实其商业投资计划书。

🍁 必须为除家人外的加拿大人创造新的就业机会。

3.申请流程

NB省商业类移民申请流程如下：

🍁 准备申请材料，将全套申请材料提交NB省政府等待审核。

🍁 NB省政府审核通过后，发出面试邀请函。

🍁 申请短期访问签证，NB省政府收到申请人签证的复印件后一周内安排面试时间。

🍁 投资人前往NB省考察，并参加移民官的面试。

🍁 面试通过后需要投资人将部分投资额汇入监管账户。

🍁 NB省审核后发省提名证书。

🍁 准备投资人的完整材料递交联邦政府。

🍁 联邦政府在完成对投资人的经商背景审核、安全背景调查后发体检表。

🍁 体检通过后拿到联邦政府颁发的移民签证。

以上是申请的大致流程，具体操作中，不同项目投资数额略有不同。一般投资方式分为两次，申请人在面试通过后投第一笔资金汇入监管账户，拿到移民签证后将投资额全部付清。

六 安大略省政府提名（试行计划）项目

安大略省超过100万平方公里，按面积算是加拿大的第二大省，如果按人口算，则为第一大省。现在全省人口已超过1,200万。所辖湖泊25,000个，河流全长超过10万公里，占有全世界三分之一的淡水资源。

第5章 加拿大省政府提名项目

安大略省境内有两个重要的城市——渥太华和多伦多。

首都渥太华，与魁北克省相邻。渥太华市及渥太华河对岸的赫尔市是联邦政府的所在地，统称为加拿大首都地区，总人口大约110万，华人大约有3万多人。在这里，两种不同的文化在这里碰撞、交流。渥太华的建筑、文化、和艺术等都得益于英法文化的影响，渥太华是加拿大多元文化的缩影。

作为加拿大的政治中心，渥太华市的象征——国会大厦坐落在渥太华河畔。国会大厦绿铜屋顶，颇具古老欧洲风格，众参两院的议会大厅就在其中。

渥太华是加拿大的文化中心。博物馆众多，如加拿大国立美术馆、国立航空博物馆、加拿大文化博物馆、自然博物馆等，还有堪称世界一流的艺术馆及剧院。

渥太华风景秀丽，气氛宁静。渥太华河和里多河环抱市区，为首都平添了几分秀色，渥太华的两所著名的高等学府——渥太华大学（Ottawa University）和卡尔顿大学（Carleton University）就位于里多河岸边。

渥太华享有"郁金香城"的美誉。二次大战时，加拿大军队东渡欧洲，从法西斯手中解放了荷兰。荷兰为感激加拿大的恩情和善举，每年都会送来数万株郁金香。春天，渥太华处处绽放着色彩艳丽的郁金香花，每到5月，渥太华都会举办郁金

荷兰女王的答谢礼物郁金香

移民留学专家导航

香节。千姿百态的郁金香争奇斗艳，令人仿佛置身于如诗如画的梦境之中。

多伦多，加拿大最大的城市，也是安大略省的省会。人口约470万，加拿大有四分之一的人口居住在多伦多及附近方圆160公里的范围内，城市面积很大。也是一个人口相对密集的大都市。

多伦多位于安大略湖以东，公路、地铁等交通设施都很完善。多伦多是加拿大的金融中心，其工商业和银行业都很发达，可谓是加拿大的银行总部之都。多伦多的标志性建筑之一是市政厅，也称多伦多大会堂，其半圆形的立式结构别具一格。标志性建筑之二是多伦多的电视塔（CN Tower），登顶远眺，都市风景一览无余，令人赏心悦目。多伦多是加拿大英语区域的经济、文化中心。来到多伦多，其精美丰富的商品，世界名牌云集的购物街及伊顿购物中心，很能激发你的购物欲望。其中市中心著名的商业区的央街是吉尼斯纪录中世界上最长的街道。

文化艺术繁荣也是多伦多的一大特点，其皇家博物馆世界闻名；安大略艺术馆（Art Gallery of Ontario）号称北美最好的艺术馆之一。多伦多堪称加拿大剧院之都，其交响乐团、歌剧团以及国家芭蕾舞团的表演水平不仅在国内是一流的，在世界上

安大略湖风光

第5章
加拿大省政府提名项目

也可以算得上顶尖水平。其高等学府有多伦多大学和约克大学，是北美的知名高校。

多伦多的华裔人口达到40多万人，居全加拿大之冠。设有中国总领事馆。有4家中文报纸，3家中文电视台，3家中文电台。多伦多市中心有两条唐人街——Dundas/Spadina和Broadway/Gerrard，唐人街里，商店、餐厅、市场，应有尽有。唐人街总是人潮如流，拥挤，热闹，仿佛回到了中国。现在，多伦多市中心及市郊有70多家华人商场和大型华人购物中心。

多伦多属典型的北美温带大陆性气候，仲夏的气温徘徊在16～27℃之间，有时会上升至32～35℃。冬天气候较冷，但由于受五大湖的影响，比起位于大湖南岸的美国纽约州的城市来说，相对更暖一些。

加拿大发行的部分中文报纸

加拿大经济最发达的安大略省，是很多移民的首选，据统计，自1987年以来，每年加拿大新登陆的移民选择安省安家的超过了半数。所以，似乎本省不太需要为吸引移民而努力。实际上，其自身的优势，就有非常强的吸引海外投资项目的能力。据伦敦《金融时报》属下的财经杂志《海外投资指南》公布的北美城市吸引海外投资项目的排行榜，多伦多排名"北美未来城市"第二名。该杂志研究人员历时6个多月，对北美100多个城市在吸引海外投资项目方面的潜力进行评估，其主要指标包括经济发展潜力、成本效率、人力资源、生活质量、基础建设、商业吸引力、商业发展以及投资推广。由此也可以看出安大略省是财大气粗的。所以，多年来，似乎省政府对吸引移民不甚感兴趣。另外，从联邦政府的角度看，也不希望人口过度集中于此地。联邦政府更希望促进人口密度较小地区的经济发展。

即使如此，在2007年5月24日，安大略省也提出了省政府提名（试行）项目，每年限制500个名额，主要把重点放在雇主急需的，包括机械师、理疗师在内的20个职

移民留学专家导航

业的专业人员上，申请人需持有长期工作许可（job offer）并获得工作签证或其他短期签证。从申请条件和申请程序上，对于中国申请人都很难。为了使其经济更强、在各省中更有竞争力，安省政府在以后的几年里不断扩展省提名计划规模，到2011年，项目名额已经从原来的每年500名，增加到1000名。申请人从持有长期工作许可、有相关工作经验的专业技术人员，扩展到持有长期工作许可、无须相关工作经验的留学毕业生，进而无须持有工作许可的博士、硕士毕业留学生，以及外国投资者。

下面简单说明一下安省PNP项目下的企业家类。对于目前安大略省政府提名项目中的其他类型的申请资格和申请程序，这里不再赘述。

现行的安大略省政府提名的企业家类，意在吸引那些对安省非常重要的、能够创造就业的投资。项目允许在安省长期成功投资的人获得永久居民身份。

（1）投资合格（成功）的标准

- 投资规模不小于300万加元。
- 至少为安大略省创造5个长期的全日制就业机会（或者说需至少雇佣5名加拿大公民或永久居民）。
- 投资项目被安省政府批准；并且不违反联邦政府之法规。

（2）申请程序

- 与安大略省移民局（The Ministry of Citizenship and Immigration）联系，提交投资推荐表（Investment Referral Form）。
- 投资计划和要求的工作职位（包括投资人或管理者）被安省批准，并为这些职位招募工作人员。
- 向安省政府提出申请。

获得安省提名证书后需在6个月内向联邦政府申请永久居民签证。

任何投资移民项目都会有适合的申请人。安大略省政府提名项目对投资额的要求虽然很高，但它可以是企业或几个不同个人的投资。若是公司投资，参与投资的公司的管理人员都可获得提名，从而全家获得加拿大永久居民身份；若是不同股东的投资，股东们都可能有资格获得政府提名，进而全家获得加拿大永久居民身份。另外，只要投资项目满足雇佣安省5个以上的公民或永久居民，公司还可以从国外带来技术骨干，并使其获得政府提名。

欲了解加拿大最新的省政府提名项目情况，请登录网站：
www.gotocanada.com.cn

第 6 章

加拿大技术移民、工作签证与住家护理员

一 加拿大联邦技术移民

1. 联邦技术移民法规、标准及近十年的演变

2002年，加拿大联邦政府对技术移民审核细则做了重要调整。当时的公民与移民部长卡普兰推出了较为苛刻的评审标准。继任的移民部长科德尔于2002年6月11日签发了关于移民法修正案的报告，确定了新的计分审核办法。该办法标准清晰明了，透明度高，易于操作。近十年来，虽有部分调整和修改，但其基本审核原则、评分标准和计分结构一直沿用至今。

修正后的法规于当年6月28日正式生效。当时的合格分数线定为75分。由于75分的高分实际上将母语为非英语的所有普通申请人几乎全部拒之门外，在该法生效后的半年内，加拿大技术移民在中国基本无人问津。鉴于技术移民申请人数骤减，无法满足加拿大将来每年的移民计划，也不能和国内劳动力市场的需求相匹配，加之当时加拿大移民部就此法案审核的回溯性被起诉，移民部于2003年9月18日不得不把合格分数线从75分降为现在的67分。

当年对技术移民审核的细则修改无疑是最引人关注的一部分。因为本次修改涉及了申请人的教育背景、工作经历、年龄及语言水平等各个重要的方面。同修改前

的评估标准相比，提高了对申请人的工作经历、语言能力及配偶学历等方面的相对比重，同时放宽了申请人对欲求职业和年龄的规定。但总而言之，新法规对绝大多数申请人都更为严格，更不容易达到其基本分数线。

与旧法规相比，新的评审办法对以前敞开的大门来说似乎仅留下一个很窄的门缝。首先，只有对为数不多的职业才开放；再者，每个职业每年都有名额限制；另外，似乎对有经验并且语言能力较强的蓝领有所倾斜，一般的本科生则优势不再。并且，申请人的配偶也参加评分，故对某些未婚者有些不利。从宏观上看，技术移民的总体比重有大幅度下降的趋势。

2. 2008年增加了以紧缺职业为先决条件的资格审核规定

为了尽快满足加拿大国内劳动力市场对紧缺职业的人才需求，提高技术移民的审核效率，减少积压案，2008年经国会批准的移民法补充条款授权加拿大移民部可以根据加拿大劳动力市场的需求，适时推出紧缺职业及相应的资格审核规定。2008年11月移民部推出了38个紧缺职业，规定申请人在近十年内必须有一年以上连续从事过紧缺职业的工作经历才有资格申请联邦技术移民。该规定公布后，38个紧缺职业中的教师、会计和计算机经理是申请最踊跃的三大职业。申请人数量之多远远超出了移民部的预想，中国、印度等使馆的积压案有增无减。2010年6月加拿大移民部又将38个优先职业调整为目前的29个职业（见下表），上述三个热门职业已消失。同时，移民部对申请名额进行了限制，规定每12个月最多只接受两万个联邦技术移民申请，每项职业每年最多只处理1000个申请。规定每年的7月1日是新额度使用的起始日。材料统一寄送到位于加拿大悉尼市的移民部材料处理中心，以当地邮局的邮戳为准，额满即停。为了尽快减少积压案，2011年7月移民部对申请名额又进一步进行了限制，规定每12个月只接受一万个申请，每个职业也只接受500个申请案，整体趋势偏于收紧。

最新公布的29个紧缺职业

NOC编号	职业名称	NOC编号	职业名称
0631	餐馆和食品服务经理	4151	心理学家
0811	生产经理（除农业以外）	4152	社会工作者
1122	经营管理咨询师	6241	厨师长

第6章 加拿大技术移民、工作签证与住家护理员

（续表）

1233	保险理算和索赔审核	6242	厨师
2121	生物学家及相关科学家	7215	承包商和施工管理（木材加工）
2151	建筑师	7216	承包商和施工管理（机械行业）
3111	专科医师	7241	电工
3112	医师和家庭医生	7242	工业电工
3113	牙医	7251	管道工
3131	药剂师	7265	电焊工及相关机械操作工
3142	理疗师	7312	重型机械设备维修工
3152	注册护士	7371	起重机操作员
3215	医疗放射技师	7372	电钻工与爆破 — 采矿，采石
3222	牙科卫生员和牙科治疗师	8222	石油和天然气钻探与服务主管
3233	持照护士		

如初期的基本资格（是否符合29个紧缺职业）审核未通过，移民部材料处理中心将告知你的申请不予受理，并退还申请费。

从2011年11月始，移民部针对在加拿大取得博士学位或加拿大博士学位在读的国际学生有一个新的政策。申请人只要满足以下两个条件之一即可不受职业限制而申请联邦技术移民：

是加拿大省政府或联邦政府认可的高等教育机构博士在读学生；

🍁 博士学位在读超过两年。

🍁 申请时具有良好的学术背景。

🍁 非公派留学生。

或者在加拿大省政府或联邦政府认可的高等教育机构获得博士学位的留学生。

🍁 递交申请时毕业时间不超过一年。

🍁 非公派留学生（公派留学生如果已履行当初的选送协议的，也可申请）。

此博士生的优惠政策每年的申请上限为1,000人，不受其他移民项目总量的限制。

注：持有加拿大人力资源和社会发展部批准的雇佣信的申请人不在以上职业限制之列。

3. 联邦技术移民审核计分办法

加拿大联邦技术移民审核计分办法

教育程度 （最高25分） （大学学位）	博士/硕士学位并至少17年全脱产或相当于17年全脱产学习		双/多学士学位并至少15年全脱产或相当于15年全脱产学习		两年制学士学位并至少14年全脱产或相当于14年全脱产学习		一年制学士学位并至少13年全脱产或相当于13年全脱产学习
	25		22		20		15
教育程度 （技工或非大学学历）	三年制专科、职业培训或学徒并至少15年全脱产或相当于15年全脱产学习	二年制专科、职业培训或学徒并至少14年全脱产或相当于14年全脱产学习	一年制专科、职业培训或学徒并至少13年全脱产或相当于13年全脱产学习		一年制专科、职业培训或学徒并至少12年全脱产或相当于12年全脱产学习		高中毕业
	22	20	15		12		5
语言程度 （英语和法语） （最高24分）	第一语言 （听、说、读、写四项）				第二语言 （听、说、读、写四项）		
	每项流利	每项中等	每项基本	不会	每项流利	每项中等	每项基本	不会
	4	2	1~2	0	4	2	1~2	0
工作经历（最高21分）	一年		二年		三年		≥四年
	15		17		19		21
已安排好的就业 （最高10分）	已获得加拿大人才资源部批准或取得临时工作签证				无此项		
	10				0		
年 龄 （最高10分）	≥21岁且 ≤49岁				<21岁 或 >49岁		
	10				每差1岁递减2		
适应能力 （最高10分） 只适用于主申请人或配偶	配 偶	教育分数25者		教育分数20~22者		教育分数12~15者	
		5		4		3	
	在加工作1年以上	在加学习2年以上		在加有亲属		已获安排就业得分	
	5	5		5		5	
总分	100						
通过线	67分						

4. 计分审核法对中国申请人的影响因素分析

（1）教育因素

从教育分数看，博士、硕士理所当然得分较高（但和旧法规相比仍旧偏低），双学士得分也相对比较高。但普通的本科毕业生似乎失去了自己独特的位置，与某些国家的两年制本科学士划了等号，一并归入了第三个档次——只获得20分。

与大学学历相比，非大学的专科得到了更优惠的待遇。两年以上大专或技术培训与大本学历相同，可获20分。由于中国没有一年或两年的本科学位，使中国的本科屈尊，与两年大专或技术培训学历者归并到一类，这使中国的本科学历申请人以往的优势地位基本丧失。

这样的调整无疑会造成两个趋势：移民加拿大的科研设计类(R&D)人员将来会以高学历者（博士或硕士）为主，而低学历者则多以技术员或技工为职业（蓝领）。这样就扭转以前的以中档学历（大本）研发类人员为主的申请趋势。这无疑对中国的广大申请人是极为不利的。

北美继承了很多欧洲文化元素

第6章 加拿大技术移民、工作签证与住家护理员

（2）语言因素

由于语言分数比重的加大，显然能说英、法双语者占了优势。从申请人的地区划分来看，英、法语为母语国家的人及其他欧洲人应该占了优势。因为他们中多数以英语或者法语为母语，双语者也不乏其人。即使母语是其他语言，欧洲国家的英、法语普及程度也是很高的。而相比之下，中国申请人没有这种优势可言。即使中国人学了多年英语，想获得高分也仍旧很难。一般来说，中国申请人通过努力获得中等分数是比较现实的，但只能获得相当于三分之一的语言分数。

（3）工作经验

工作经验比重的增加，无疑对已经有较长工作经历的人有利。虽然第二、三、四年的工作经历的比重比第一年差了很多，但在边界值附近哪怕差上2~3分，甚至1分，都可能造成失利。故对工作时间较短的申请人来说，可能是致命的。

（4）年龄因素

年龄虽然提高了上限，但以往在中国的申请人中极少出现年龄大的现象。故对中国申请人无何实际的"宽松"意义。

（5）已经安排好的就业

和以前的要求一样，如想得到10分必须是已经持有加拿大临时工作签证或已获人才资源部批准的受聘者。这对绝大多数中国大陆的申请人来说，意义不大。实际上，一旦获得了工作许可证，也用不着在国内等待移民了，可以先入境工作，同时等待移民审批。

（6）适应能力

对于在加拿大无亲属也无在加拿大学习或工作背景的普通申请人而言，只有配偶的学历可以帮助加3~5分。其他分数很难获得。

5. 申请费用

递交申请材料时缴纳加拿大联邦政府的申请费：主申请人每人550加元，配偶和22周岁以上子女各550加元，22周岁以下子女每人150加元（不含22周岁）。体检通过后、获得签证以前缴纳的登陆费：主申请人和配偶每人各490加元。

6. 总结

总而言之，加拿大移民法规经过多次调整以后，中国多数想通过技术移民申请赴加拿大的难度比以前增加了不少。哪怕由于某种原因丢掉了一分，都有可能达不到67分的要求。2008年移民法修正案实施后，对于大多数人来说难度就更大了。可以看出，未来加拿大更欢迎那些有加拿大工作和学习经历以及那些既精通技术又懂管理的人才，或者某些技术工人。要说明的是，新出台的紧缺职业表是针对加拿大目前现实的劳动力市场人才紧缺状态整理的，今后还会做出相应的调整。实际上，由于若干省纷纷推出了省政府提名项目，其中也包含了对技术移民项目，今后通过各省政府提名项目移民加拿大的申请人会逐渐增多。

二　加拿大经验类移民

加拿大经验类移民（Canadian Experience Class）主要针对具有加拿大境内工作经验的工签持有者和留学生。在加拿大的工作经历是经验类移民考核的关键性指标。加拿大经验类移民包括具有管理经验，专业经验，技术经验与技工经验的申请人，要求其具备一定的语言能力。

技术工人在加拿大工作时，雇主在他们身上投入了一定的资源（培训等）。一旦他们离开，雇主的投入会付诸东流；而海外留学生一般都会获得高中后的学历。这两类人都对加拿大有一定的了解，容易适应那里的生活和工作，因而是加拿大技术移民理想的人选。

1. 申请加拿大经验类移民的要求

🍁 计划在魁北克以外的省份居住（魁北克有不同的规定）。

🍁 从加拿大高中以上学校毕业的留学生，毕业后在加拿大有至少一年（全日制）工作经验或在加拿大有至少两年（全日制）工作的技术工人（持有临时性工作签证的）。

🍁 所需经验必须是在加拿大持有效的学习许可和工作许可期间获得的。

🍁 在加拿大工作期间或离开加拿大一年之内提出申请。

第6章
加拿大技术移民、工作签证与住家护理员

🍁 申请中包含一个独立的语言考试成绩（考试机构必须是CIC认可的：IELTS和TEF，为新移民提供的语言培训LINC不算）；在考察语言能力方面，移民官不安排面试，只接受上述考试成绩。

2. 经验类移民对留学生的最低要求

(1) 工作方面

毕业后一般可以获得最多三年的工作许可，此许可不限制你的工作种类和工作地点，但是为了申请经验类移民，要求：

🍁 毕业后至少一年有全日制的专业性或技术性的工作经历，并且是在申请前的最近两年内获得的。

🍁 工作种类在NOC 0、A、B范围之内。

🍁 全日制是指每周至少带薪工作37.5小时。

🍁 学习期间的工作经验不算，只有毕业后的工作经验才被认可。

(2) 教育方面

🍁 至少完成加拿大两学年的全日制正规教育（16个月或4个学期），或一年的硕士研究生项目（没有学位，仅发毕业证或其他证书的课程不算），且在读这个硕士项目之前，需要在加拿大有一年的其他受教育经历（英语或法语的培训课程ESL或FSL皆不算）。

🍁 学校必须是经省政府授权的公立院校或私立院校或私立的CEGEP。

🍁 具初级或中级语言能力（视不同工种而定）。如果工种为B类，申请人只需要证明有基础的语言能力即可。

3. 经验类移民对技术工人的最低要求

🍁 提出申请时有合法的居住身份。

🍁 在申请之前的近3年内拥有至少两年全日制专业技术工作经历。

🍁 工作种类在NOC 0、A、B范围之内。

🍁 全日制是指每周至少带薪工作37.5小时。

🍁 具初级或中级语言能力证明（视工种而定）。如果工种为B类，申请人只需要证明有基础的语言能力即可。

渥太华市穿城而过的人工河

魁北克老城

第6章 加拿大技术移民、工作签证与住家护理员

经验类移民给加拿大政府带来的好处是显而易见的。海外的新移民往往会选择多伦多、温哥华、蒙特利尔这样的大城市，而经验类移民由于不同地域雇主的需求和不同学校的地理位置，分布在加拿大各个区域，这样在移民时，他们也往往会选择自己学习工作过的地方，更好地平衡各区域的发展；此外，加拿大也需要技术工种的多样化。按照过去的移民体系，很多技工的正规教育达不到移民要求，但在经验类移民项目下，也可以成为永久居民，为加拿大做更多的贡献。

三 加拿大魁北克省技术移民

与魁北克省投资移民类似，魁省也有独立遴选本省技术移民的权利和标准。由于魁省与加拿大联邦政府在遴选移民的指导思想上有差异，导致标准不同。这种差异为申请人带来了更多的选择机会，一些不符合加拿大联邦遴选条件的申请人，有可能通过魁北克省遴选标准，成功移民加拿大。

魁北克省技术移民审核标准与联邦移民6项标准100分评分制完全不同。选取的权重更倾向于实际技能和法语能力，能直接满足魁省当前的技术劳动力市场的要求。此外，与联邦技术移民相比，魁省技术移民的审核标准依据该省的需求而有较多的调整变化，这也是魁省技术移民不同于联邦技术移民的一个显著特点。

1. 魁北克省技术移民的评审要素

🍁学历。学历较高者对申请相对有利，如果申请人所学专业（受训领域）是魁省紧缺的专业，通过率更高。最低学历要求是高中或中专毕业。

🍁工作经历。近5年拥有的相关工作经历为有效的工作经历。相关工作经历是指所从事的工作岗位的专业技术含量要达到加拿大职业分类表中的D级以上的标准。

🍁年龄。最佳年龄为18～35岁，41岁以上已无年龄优势。

🍁语言能力。具备能够满足工作和生活交流所需要的法语能力。建议考TEF，所得分数作为法语水平的评定依据。英语也是评审的内容之一，但权重较低。

🍁魁省经历。如果有在魁省工作、学习经历者可加分，近亲属中有在魁省居住

的加拿大公民或永久居民者可加分。

🍁配偶加分。参照上述标准，配偶在年龄、学历、专业及语言能力方面优秀者可加分。

🍁资产证明。拥有一定的个人资产，可满足全家抵加后至少3个月的生活需求。

🍁有小孩者可加分。

🍁有有效雇主聘用函者可加分。

🍁总体适应能力优秀者可加分。

2. 魁北克省技术移民申请程序

🍁按照魁北克省技术移民要求准备申请材料。

🍁向魁省提交预评估。

🍁预评估通过后将材料递送魁省移民局。

🍁一个月左右收到档案号。

🍁建档一年内魁省移民局安排具体的面试时间。

🍁面试通过后魁省移民局发魁省提名证书（CSQ）。

🍁将CSQ及所需材料转投加拿大联邦移民处建档。

🍁联邦申请通过后发体检表。

🍁联邦政府发放签证。

3. 魁北克省技术移民申请费用

🍁魁北克省移民局申请费：主申请人每人395加元，副申请人及子女每人153加元。

🍁联邦政府移民局申请费：主、副申请人及22周岁以上的子女每人550加元，22周岁以下（不含22周岁）子女每人150加元。

🍁联邦审核通过后交纳登陆费，主、副申请人每人490加元。

四　工作签证

获得加拿大工作签证并非易事，因为加拿大对此有严格限制。一般来讲，中国公民打算来加拿大工作，必须持有加拿大政府签发的有效工作许可。工作许可证必须在进入加拿大之前获得。进入加拿大后，必须服务于工作签证申请书上所指定的雇主和工作职位。根据移民部的最新规定，从2011年4月1日起，除某些特殊工种外，所有临时外国工人在加拿大工作时间累积不得超过四年（即满4年后的4年内，没有资格再获得临时工作签证）。少数几种特殊行业不须办理工作许可证，如外交人员、外国记者以及特定情况下的艺术工作者。

如果要申请加拿大工作签证，必须先获得一家加拿大公司的聘书，而且此工作必须经过加拿大人力资源和社会发展部批准（Human Resources & Social Development Canada，简称HRSDC，其前身称为Human Resources & Skill Development，后来与Social Development Department 合并）。发聘书给申请人的加拿大公司，也应该将有关聘用当事人的各项条件报审登记，例如任用资格、职务、工资及工作环境等。聘

街心公园的现代雕塑

移民留学专家导航

温哥华的西温和温西属于世界顶级豪宅区,但房价却很低

用申请人的公司需进一步向HRSDC解释,曾经采取过哪些手段在加拿大征聘过相关的工作人员。HRSDC会确定雇用是否合法,并确定此雇用是否对加拿大劳工市场有利。经确定无误后,HRSDC就会批准雇用外国人。

申请人需要先到自己国家中的加拿大使馆申请签证,签证时必须携带加拿大公司的聘书及当事人适合于此工作的证明材料。使领馆会与加拿大HRSDC联络,审定申请人是否适合于聘书所聘的职位。如果审查合格,使领馆发给入境签证。

应聘者到加拿大后,一定要从事工作签证上准许的工作,如果因故失去了工作或者另外换一种工作或雇主,一定要向移民部重新申请工作许可证,并向移民部提出各项活动的报告。假如当事人不遵守移民部发给的工作签证上的规定,则工作签证可能被吊销。

获得临时工作签证,在工作的同时,可以申请永久居民身份,并且可以获得"已安排好的就业"之加分。在加拿大临时工作期间,可以购买医疗保险(如果在萨斯喀彻温省,持工作签证者有免费的医疗保险),也可以享受就业保险。以临时工作身份申请并获得永久居民身份的人,近年的人数越来越多。

工作许可必须在进入加拿大之前获得,获得工作许可的基本程序是:公司提出申请,经加拿大人力资源部审核通过后,由加拿大驻外大使馆发放签证。但是某些

第6章

加拿大技术移民、工作签证与住家护理员

公司由于当时业务的需要，特别是公司已经在加拿大正式注册，并急需派人参加有关工作的情况下，也可以采取先持访问签证入境的办法，但必须尽快办理工作许可签证。否则，访问签证到期就必须离境。

某些类型的企业家和某些公司内部调整所安排的专职员工，其在加拿大的工作会对加拿大人或永久居民提供重大好处者，可以不经过人力资源部的审核批准就签发工作许可证。在加拿大建立的外国公司或合资公司，通常都要派遣自己的人员参加本公司的经营管理工作。但是，《加拿大移民法》及实施细则（IRPR）对此有严格的规定，只有符合规定者，才能赴加拿大从事公司的各种经营活动。

里贾纳街头小景

根据加拿大与其他国家签订的协约（如《北美自由贸易协议》，NAFTA），担任高级管理职务的外国公民获得本公司设在加拿大的分公司管理职务上的工作签证比较容易。申请人应在总公司或相关企业担任至少一年高级行政管理、经理职位。在这些情况下，加拿大移民部可以不经过人力资源部的审核批准就签发工作许可证。

工作许可的有效期一般为一年，在某些情况下，也可以签发更长乃至3年的工作许可证。签证期满前，可以在加拿大境内的省市级移民局直接申请延期。工作签证一般允许延期两次，每次一年，如果工作需要此人继续留任，需出境再次办理有关手续。

五　住家护理员项目

1. 项目简介

加拿大移民部联合加拿大人力资源部在2003年推出了海外合格的住家护理员到

移民留学专家导航

加拿大工作及移民的法规。这是加拿大移民部首次对住家护理员在移民法上给予单独分类及定位。

加拿大是一个现代化程度很高的国家。由于其经济发达，家庭收入高，加上专业化的社会分工，对家政人才的需要越来越多。主要有以下三方面的需求：

🍁 加政府对小孩的监护权非常重视，法律规定婴幼儿的监护人(父母)不得将其单独留在家中，即监护人必须随时负责其安全(如果将孩子送到托儿所、幼儿园等其监护权随即转到其所去的单位)。而有些夫妻双方因工作忙、工资高而不愿放弃工作，但又不愿将孩子送到托儿所或幼儿园，所以他们需要一名保育员/幼教照顾其孩子。

🍁 有些老人很富有，不愿到老人公寓里去住，而西方孩子长大成人后，由于种种原因，绝大多数子女都不能和老人住在一起，所以老人希望能有一位住家护理员照料他们，并且陪他们聊天、说话等。

🍁 有些家庭中有长期病人或残疾人，而家中无专人放弃工作来照料他们，所以他们也需要一位住家护理员来帮助他们。

众所周知，家政工作是一种阶段性的工作，其工资又不会太高。加拿大当地人都不愿做此工作，非法进入加拿大的人和申报难民的人，没有资格申请这份工作，雇主也不敢雇用。因此加拿大政府法律规定，如果境外人员愿到加拿大做住家护理员，并且在3年当中累计做满2年，她/他就有资格为自己、配偶及其子女(申请时未满19周岁)办理移民手续，转正成为加拿大永久居民，即全家移民。这是此项目的最大益处。移民被批准后，申请人可以不再做此工作，而从事收入更高的其他职业。

简单地说，住家护理员签证是由加拿大公民与移民部同加拿大人力资源局(即劳工部)共同开发管理的一个项目。它的目的是把合格的申请人输入加国劳务市场，以解决住家护理员的市场空缺问题。

在移民意义下的住家护理员(care-giver)从事的是以下三种比较专业的护理工作：对婴幼儿的照顾及护理，对老人的照顾及护理，对病人及伤残人的照顾及护理。内容包括照顾小孩、老人、残障人的起居、护理、辅助医疗人员对他们的治疗、保健、个人卫生、儿童教育等工作。在这种意义下，普通的从事家务工作的"保姆"或"女佣"(nanny/maid)是不够条件的，不可以申请移民。如此，加拿大的雇主也必须是针对以上定义的雇主。当然，住家护理员的工作也包括普通保姆的做饭、清洁、洗衣等家务工作。但如果其工作内容仅限于普通的家务工作，是不

第6章
加拿大技术移民、工作签证与住家护理员

符合住家护理员的定义的，因而也就不可能成功地获得批准。

总之，住家护理员签证是针对合格的申请人实现出国工作、定居的很有效的一种方法。另一方面，所有住家护理员工作期间均受所在省份相应劳工法的保护。比如：对工作时间和休假有明确的规定，雇主必须为住家护理员提供独立使用的、可以上锁的睡房，尊重其人身权利不受侵害，等等。

住家护理员意指在雇主家居住并工作的护理员。他们是在一个家庭环境下工作的，在雇主家食宿，食宿费用要从工资中扣除；在保证食宿条件良好的情况下，加拿大政府规定从工资中扣除的食宿费最多不能超过每周85.25加元。

2. 住家护理员的申请资格

住家护理员的申请资格如下：

- 12年以上的基础教育（相当于高中毕业，有文凭）。
- 6个月以上的专业学习（全日学习护理知识及技能）：专业婴幼儿童护理知

建筑师也喜欢积木吗？

识及技能。老人护理知识及技能，病人、伤残人护理知识及技能。受过这三个方面的系统学习和训练的家政护理师，达到或超过了6个月以上的全日学习，每周不低于25～30学时。培训学校应该是正规的、国家承认其学历的专业学校。培训内容应该相当于加拿大社区学院提供的护理培训课程的相关内容（Training programs in Canadian Community Colleges）。

如果没有达到培训要求，有一年以上的领取工资的实际护理工作经验同样也可以。一年以上的工作中，应有半年以上是连续为同一个雇主工作（不包括为亲属提供的无工资之护理经验）。

以上所述之培训或工作必须是发生在递交申请日期前的3年之内的。

🍁能流利地听、说、读英语（对写作没有明确的要求）。

第一，能够应付紧急情况，如给医院、急救中心、警察、消防队打电话，进行联络。

第二，平时在家里接电话。

第三，能读懂医药说明及标签。

第四，与外界（学校、商店、服务机构等）进行联系。

第五，能知晓自己的权利及义务。

🍁体检合格，无犯罪记录。

🍁有将来申请永久居民的意向。

满足以上条件，即可申请工作签证来加。

3. 住家护理员申请工作签证的要求及程序

🍁雇主要想提出合格的住家护理员申请，需有加拿大雇主签署的雇用合同并且雇主要证明有足够的经济能力支付工资。雇主需得到加拿大人力资源部HRSDC雇用外国工人的批准书（由雇主向HRSDC申请，填写EMP 5093表格，如果在BC省，填EMP 5198表），人力资源部还要看是否已经有本土的或以前来的未就业的住家护理员在等待工作。如果没有，并满足其他条件，则发批准信。自2009年始，雇主向人力资源部提出雇用外国工人的批准书，条件的难度加大了。雇主在申请之前，必须通过媒体打招聘广告，如果在3个月以后，仍旧没有人应聘，或应聘的人员实在不合适，才可以雇佣海外的住家护理员。如此，在加拿大找雇主的难度就加大了。

🍁审核方面，移民官在审核的时候，要对申请人专业资格（培训课程）的合理性、教学质量、充分性以及相关性（legitimacy, quality, adequacy and relevance of the training program）进行综合评估，并且要对语言能力进行评估。

如果你投资移民加拿大，你可以购买这样的别墅

🍁 转正，申请正式的永久居民身份。自进入加拿大后的3年之内，从事家政服务工作满2年后即可申请移民。批准后，国内的配偶、子女可随行。

4. 项目优势

（1）先有工作，后办出国

在国内就已经和雇主签订了雇用合同，到了加拿大就有工作，无须"过渡期"。住家护理员工作签证的受理时间一般需6～12个月，比技术移民所需的2～4年时间要短得多。

（2）收入稳定，福利保障

加拿大各省有最低薪金保障条例。一般每小时工资标准不能低于6.85加元。具体的工资要根据工作内容而定。例如，照顾1～2个上小学的孩子，每小时6.85加元。照顾1个学龄前儿童每小时7.5加元。照顾一个学龄前儿童和一个上学的孩子或照顾老人，每小时8～9加元。照顾伤残人士或病人，每小时10～13加元。

如此，按照最低工资标准，周薪不低于301.40加元，月收入约为9,000元人民币。同时享受政府提供的福利保障，也受加拿大劳工法与失业金制度的保护。到达加拿大后可申请社会保险卡及医疗保险卡（大部分省份提供免费医疗、失业保险和

免费英语培训班)。

(3) 环境舒适,工作轻松

雇主必须为家庭住家护理员提供一人使用的独立住房,有电视、洗衣机、采暖等基本生活设施,申请人无须带大笔资金解决吃住问题。住家护理员每周工作5天,总计44小时。超时工作要征得本人同意,并付比平时工资更高的超时工资,或换算成休假。有带薪假期,可以在年假期间回国探亲,但如果超过2个星期则需获得雇主同意。

(4) 一人工作,全家绿卡

如果作为住家护理员工作2年,并已付个人所得税,则可获得书面证明,无须离境即可与其配偶及子女共同申请加拿大永久居民身份。获得加拿大永久居民身份后,子女可享受免费的义务教育、按月领取补贴、享受免费医疗及各种福利待遇,子女上大学可申请政府贷款。住家护理员在劳动力市场有了更宽泛的权利。

(5) 短期努力,终生受益

一旦获得永久居民身份,就不再局限于住家护理员的工作了。法律并不限制你将来更换工作或居住地。所以,你可以自由地选择做任何工作或者上学。如果愿意学习深造,也可以享受和加拿大人同等优惠的权利(注意:在你获得正式的移民身份之前,你只能从事家政工作并且满足设定的条件)。在其他方面,也和其他类别的永久居民一样,有平等的权利和保障。

有关加拿大技术移民类最新动态,请登录网站:www.gotocanada.com.cn

第7章 家庭团聚类移民

家庭团聚（Family Reunification）与亲属担保（Sponsorship）类移民指的是家庭成员（配偶和经济未独立的子女等）或亲属（父母、祖父母、孙子、孙女等）赴加，与其已成为加拿大永久居民或公民并居住在加拿大的亲属团聚的移民。家庭团聚类移民是加拿大最大的移民来源之一。每年在以各种方式来加的移民中，家庭团聚类占总移民登陆人数近一半。

一　申请人资格

所有加拿大公民和永久居民（简称"担保人"），只要年满18岁以上，居住在加拿大，均可以担保以下亲属（简称"被担保人"）移民加拿大（永久居民必须居住在加拿大才能担保，physically in Canada，而公民则无此严格限制，居住在加拿大境外的加拿大公民，计划被担保家庭成员申请成功后一同回加拿大居住，可以在境外担保配偶和经济未独立的子女移民加拿大）：

🍁加拿大公民或永久居民的已婚配偶（包括依法注册结婚的配偶或同居一年以上的配偶）。

移民留学专家导航

🍁加拿大公民或永久居民的22周岁以下，未婚的子女（包括收养子女），或22周岁以上未婚的全日制学生子女（其生活来源完全依靠父母），或22周岁以上的智障或身体残疾的经济上依赖父母的未独立子女。

🍁加拿大公民或永久居民的父母（一对夫妻可以担保4个老人）。

🍁加拿大公民或永久居民的祖父母或外祖父母（理论上一对夫妻可以担保8个老人）。

🍁加拿大公民或永久居民的18周岁以下无父母双亲的未婚亲属。这类亲属包含担保人的兄弟姐妹、侄子侄女、外甥外甥女、孙子孙女。

🍁加拿大公民或永久居民收养的22周岁以下孤儿且未独立的继子女。

🍁加拿大公民或永久居民的未婚夫（妻）。未婚夫妻必须提交他们将在到达加拿大的90天内结婚的证明。

以上类别的移民申请人，除受亲属关系和年龄的限制以外，与被担保人的职业、教育程度等无关，审核时没有评分的要求。只要担保人和被担保人都具备条件，申请通常就能获准，颁发移民签证。

一家人在郊外野餐

有些情况下，以上类别的亲属不能被担保来加。如，对于一夫多妻或一妻多夫制的国家，对"二房"、"三房"等配偶，是不被认可的。另外，即使原来的婚姻合法，如果被担保的配偶在担保人提交申请之日不满16周岁，担保是不能够获得批准。即使在真正审核的时候，被担保人已满16周岁，申请仍将被拒绝。

其实，有些人办理家庭团聚，是因为当时商业移民或技术移民的主申请人在申请的时候没有带家属（指配偶及未独立的子女）。如果当时一同办理，一同赴加也是可行的。需要注意的是，对于年龄偏大的子女，如果当时没有带，经过了漫长的申请过程，登陆以后，再想申请时，有可能就不再满足条件了。

再者，主申请人在申请的时候，如果在家属表格里没有填写有关亲属的信息，

第7章
家庭团聚类移民

对工薪阶层来说，在加拿大购买一幢别墅是既可望又可及的事情

当主申请人登陆以后，就不能再申请这个家属来加团聚了。并且，这种权利的丧失是永久性的。除非这位家属自己通过商业移民或技术移民等其他途径单独移民来加。这种权利丧失情况的发生，尤其会发生在离婚后对方对子女有抚养权的情况下。有些主申请人在提交移民申请时，自认为这次申请不可能带他/她来加拿大，所以暂且不填写，将来还有机会还能带这个孩子。其实，这是一种经常发生的错误理解。就是在这种情况下，即使家属在将来的某个时段仍不会来加，在申请时也应该填写有关信息并提交相关的材料，如：体检回执等（讲明暂时不申请赴加），以保障自己将来担保家属来团聚的权利。

多伦多机场一角

还有一点应该注意，无论是以随行家属身份和主申请人共同申请，还是主申请人登陆以后以家庭团聚的方式担保家属移民加拿大，对已经离婚夫妇的子女，申请时有两方面的要求：一是孩子的监护权应该在已准备来加或者已经移民加拿大的一方；二是要提交另一方的（生父/生母）同意孩子离境的声明。而原配偶对申请的子女即使有相应的抚养等义务，今后在孩子19岁之前也不能作为家庭团聚类移民赴加与孩子团聚。

二 申请材料和程序

2006年2月6日之前,这类移民申请的程序须分三个阶段。首先是由在加拿大的担保人向移民部提出担保亲属来加的申请(申请材料交到多伦多郊区Mississauga的移民审核中心)。在获得批准之后,接着再由海外被担保的配偶及/或子女向加拿大驻当地的使领馆提出移民加拿大的申请。在获得批准之后,最后海外的配偶及/或子女还须在当地进行移民体检。全部过程需要漫长的时间。2006年2月6日加拿大联邦移民部长柯德尔宣布,允许家庭团聚类移民中的配偶及子女申请来加时,将担保申请、移民申请及移民体检三个过程同时进行,最终可使此项申请的速度比之前缩短了4~6个月。

加拿大家庭团聚移民签证的基本材料:
- 被担保人的护照原件。
- 亲属关系公证或结婚公证。
- 被担保人国内、外无犯罪记录证明。
- 被担保人的出生公证。
- 担保人在加拿大的相关证明材料。
- 证明担保人与被担保人关系的其他材料。
- 使馆要求担保人、被担保人填写的各种申请表格和调查表。
- 被担保人照片若干张。
- 被担保人在指定医院体检的回执。
- 有必要向移民部补充的其他材料及通讯方式等。

将以上材料统一递到加拿大境内移民部指定的Mississauga移民处理中心,等待审核担保人资格,担保人资格审核通过后,移民部一方面发信书面通知担保人资格审核情况;另一方面将申请材料转发到被担保人所在国加拿大驻当地的使、领馆移民处理中心,重点审核被担保人情况,审核通过后签发签证。

对有些家庭团聚类的申请(新婚夫妻团聚较多),使馆可能会安排面谈。一般只安排被担保人在本国使领馆进行面谈,也有安排夫妻双方(担保人和被担保人)在同一时间谈话(担保人在加拿大等待电话约谈)。夫妻担保申请的面谈,主要目的是核实婚姻的真实性。假结婚的担保一律会被拒绝。

第7章
家庭团聚类移民

近年来申请加拿大配偶移民者越来越多，从诸多案件来看配偶移民类别出现假结婚骗取移民身份的事件数不胜数。故加拿大移民部拟出台新规，要求配偶要有两年或以上共同生活的证明，才能最终移民加国（注：这只是将来的可能性，至2011年10月底还没有实际推行）。如果发现虚假信息及材料，即使已经入境，当事人也可能面临被驱逐出境的下场。移民部称此举旨在杜绝假结婚、真移民的现象。联邦移民部长康尼（Jason Kenney）在2011年10月26日证实了此事，并且特别指出，中国和印度是借助假结婚移民加国的两个具有代表性的国家。所以笔者告诫大家，身为炎黄子孙，一定要遵守法纪，不能因小失大，在国际上丢中国人的脸。

现任联邦移民部长康尼（Jason Kenney）

三　对担保人的经济能力和工作背景的要求

对于担保配偶、未独立子女团聚的申请人，评审相对简单，很大程度只考虑核实担保人（在加已获得身份的一方）与被担保人（未获得加拿大身份的一方）关系的真实性。对被担保人的背景主要审核其是否有犯罪记录。这种情况下，对担保人没有明确的财产或收入的要求。担保人即使没有工作和收入也可以获准。但在个别情况下，最基本的生活来源也是审批考虑的因素之一。这类申请周期较短。

担保父母、祖父母和未婚夫（妻）等，与担保配偶、子女不同之处在于，担保人必须提供足够的收入证明。最主要的信息是要担保人提出申请之日以前12个月中的收入证明。如果没有稳定收入而只有存款是不奏效的。对于不同的城市，按照不同的家庭人口（包括已经在加拿大的人口以及拟定来加的人口），公民与移民部已经规定好了最低生活费用。你的家庭收入必须达到和超过移民部规定的收入线(cut-off income)。担保人以前12个月的收入额必须大于或等于规定的收入值方可获准。目前，这类申请周期很长，特别是申请父母、祖父母移民，有时要等到5年的时间。

担保人如果自己的收入达不到收入线,也可以由在加的夫妻双方共同担保亲属来加(Co-signer)。如果原来已经担保过其他亲属,再次担保时,担保人的收入必须能够同时保证所有人(包括担保人自己、担保人在加的被抚养人、被赡养人、以前担保过的亲属)的最低生活费用。

四　申请费用

与申请其他移民相同,家庭团聚类移民也要向加拿大政府缴纳申请费和登陆费。缴费标准同联邦技术移民。年龄在22周岁以上(含22周岁),申请费为每人550加元,主申请人及配偶交纳490加元登陆费;22周岁以下子女每人交纳150加元审核费,子女不需交纳登陆费。

五　某些省份的特殊规定

以上讲的是联邦政府的一般规定。有些省份,魁北克省家庭团聚移民的申请,要先经过魁北克省移民局审核通过,联邦移民部门收到省政府下发的CSQ后才会签发签证。萨斯喀彻温省等其他省份对担保人担保其家人的亲属关系规定得更宽松一些。

渥太华拥有世界上最长的冰道(有数公里长)

第8章 申请材料、过程、面试及上诉程序

申请人符合加拿大移民法律、法规所要求的条件，并不意味着申请一定成功。因为，申请人是否符合所列出的条件需要充分、可信的证据来支持。申请材料是移民审核时所参考的重要依据，递交材料的质量直接影响到审核结果。

一 申请中材料的准备和应注意的问题

1. 主要申请材料

（1）所有申请人必须提交的材料

- 出生公证。
- 成年人的无犯罪记录公证。
- 成年人的婚姻状况公证。
- IMM0008表格。
- 家庭关系表。
- 标准护照相。
- 审核费及登陆权费。

- 户口本。
- 护照复印件。
- 成年子女状况证明。
- 子女收养证明等。
- 申请人18周岁后如果在某些国家居住半年以上,应提供那个国家的无犯罪证明。

(2) 商业移民主要申请材料清单(联邦投资移民,魁省投资移民,企业家移民)

- 学历证书。
- 工作证明。
- 银行存款证明和至少6个月的银行转账记录。
- 房产证、房产评估报告以及购买房产时的合同、发票和纳税单据。
- 企业营业执照。
- 企业税务登记证。
- 企业注册时以及注册资金变更时的验资报告。
- 企业章程及章程修正案。
- 企业重要事件的股东会议决议,董事会会议记录。
- 企业近5年的审计报告。
- 企业最近2～3年的税单或税务证明。
- 企业的大额销售合同。
- 证明其管理经验的材料。
- 企业的组织结构图。
- 企业的宣传资料。

当然,以上只是非常基础的一般性要求,鉴于商业移民申请人每个人情况的不同,其所需提供的具体文件也不相同。有时差距会非常大。 例如,有的申请人是公司的管理人员,有的是公司的股东,有的是公司的全资所有者,或者是个体工商户等等,所准备的材料的差距都会非常大。另外除了以上所列常见资料外,移民官也会根据各个申请人的不同情况要求补交某些具体的文件和材料。

(3) 技术移民申请另外递交的材料

有关的学历公证、认证、雇主证明信、有关的职业资格证明、加拿大的亲属关系证明、银行存款证明等。

第8章
申请材料、过程、面试 及上诉程序

（4）工作签证类另外递交的材料

加拿大HRSDC批准签发的工作许可，与加拿大雇主签署的雇佣合同，相关的学历、学位证书及工作经历证明等。

除了以上所列的常见材料外，还可以有一些其他相关的材料，以及代理人的评估、说明等。移民官经常根据不同的申请人的情况要求补交材料，也经常点名要某些具体的文件和材料。

2. 对移民申请材料的基本要求

（1）真实性

虚假的材料和信息往往导致申请失败，甚至给申请人造成极其不良的后果；加拿大移民法规中明确指出，如果申请人提供虚假材料，不但申请会被拒绝，而且在此后的两年之内，会被列为不被接纳之人（inadmissible）。

（2）准确性

材料中所有信息应准确、适当。一些背景很好的申请人由于递交的材料不准确或不正确，会使申请失败。当然，这并不意味着材料必须"完美无瑕"。有些原始的材料中有不准确或不正确的内容，应该做出合理的解释，告诉移民官当时为什么会出现这样的错误。如果为了使材料"完美"而对某些历史资料进行"再造"，是不妥当的。这样做的结果可能使本来真实的材料变为虚假的了。

（3）完整性

材料应反映与申请有关的重要信息，疏漏可能导致移民官做出申请不合格的结论。申请人可能会有很多材料，但所上交的材料应该是与申请有比较密切关系的。当然，很多情况下，申请人的材料可能明显不足。如果缺失太多的关键证据材料，显然对申请人不利。幸运的是，移民部门（如魁北克移民处）已经给缺失资料的申请人以解释的机会。在面试过程中，如果申请人能够合理地解释某些事情，在缺乏证明资料的情况下，申请仍旧可能被批准。

（4）严密的逻辑性

主要体现在文件能够使移民官确信申请人在各个方面都符合移民法规的要求。同时，材料还要合情合理。如，在企业家和省政府提名项目中，申请人需要交商业计划书（business plan）。这份商业计划书要详细地阐述申请人将来在加拿大要建立什么样的企业；从市场需求、财务计划、商业选址，到行业竞争、人员配置、市场

移民留学专家导航

推广策略等等，都要充分论述，有理有据。不但需要事前做大量的调查研究工作，还需要在材料的撰写中体现严密的逻辑性。如此，才能够保障申请顺利获准。

（5）与移民官的互动性

在申请过程中，申请人或其法律代理人必须了解其申请状况。在很多情况下，需要与移民官进行良好的信息交流和沟通。必要时，要以信件、传真和电子邮件的方式交流。尤其是在出现问题的时候，应该及时地把握住事态发展的动向。

以上几方面，第一点容易做到，但各方面都做得很好实属不易。准备一套高质量的申请材料，不仅取决于参与者对移民政策、法律、法规的深刻理解，也取决于对申请人各方面情况的客观、透彻的分析。选择一个可靠的、有实力的专业公司申请，无疑对提高申请人的竞争力大有帮助。

加拿大街景

3. 关于移民代理人

加拿大在其移民法规中有明确的规定，提供移民服务的人员必须是经加拿大法律授权的代理人。2011年6月30日宣布实施的C-35法案规定，没有授权的人如果为

第8章

申请材料、过程、面试 及上诉程序

移民申请人提供任何的有偿咨询或代理服务，一律定义为刑事犯罪。经法律授权的代理人有：加拿大移民顾问监管协会ICCRC的注册会员（2011年6月30日之前为CSIC协会）；加拿大律师协会的成员及法律助理，以及魁北克公证员。

如果没有授权的顾问，一旦提供了有偿移民服务，可以被判处2年有期徒刑以及并处10万加元的罚金。

孟繁辉的ICCRC持照会员证书

所以，申请人在选择代理顾问的时候，一定要查验代理人的执业证书。值得指出的是，我们所说的代理人或顾问，是指直接为你提供咨询服务的人，而不是一个你看不见，平时也接触不到的挂名签字的"某某律师"。

C-35法案定义，"移民咨询服务"，必须从一开始接触客户时算起。持照的移民顾问如果代理某个案子，必须从始至终都要负责提供服务。但现实中，很多申请人的咨询服务、材料准备，都是由非持照的人员提供的，而最后由某个合作的授权代理人签字。实际上，这种方式也是违法的。

笔者是加拿大最早持有CSIC执照的授权代理人之一。根据C-35法案的要求，在2011年6月30日以后转为ICCRC持照会员。

4. 投资移民申请材料的准备

随着中国经济的高速发展，加拿大投资移民申请人的数量正日益增多。但移民审核的材料也变得相当复杂。申请加拿大投资移民成功的关键在于，详细阐明申请人的经商经历和财富积累过程。而投资移民申请人往往具有复杂的经商背景，几乎每个个案都有与众不同之处。有的同时运作几家公司，有的拥有多家公司的股份等。由于时间太久，很多原始材料已搜集不齐，甚至完全丢失。要在理顺他们经历的同时客观真实地反映申请人的财富积累不是一件容易的事情。如果不得要领，既耗费时间，又达不到预期目的，尽管申请人当前资金及管理技能已远远超出移民法

规的要求，如文件准备不详细、不充分，申请仍会造成失败。所以，委托一家专业的（有授权代理人执照的），有多年成功经验的公司，是非常重要的。

5. 移民申请过程

多数种类的移民申请及审核必须在加拿大境外的使馆或领事馆进行。技术移民、投资移民、企业家移民及自雇移民均是如此。即使申请人已经在加拿大境内，他们也要把材料递交到加拿大境外的审核机构。2008年11月28日以后，大部分联邦技术移民申请人需首先将申请表递交到加拿大做职业评估，通过后在4个月内递交全部申请材料到加拿大境外的使领馆审核。2010年6月26日以后，申请人需将全部申请材料，包括IELTS考试成绩一同提交到加拿大境内的审核中心，初步审核后再转到加拿大境外的使领馆。

并不是每个使、领馆都接受移民审核，因此必须将材料递交到有审核移民业务的使、领馆。以前，申请人可以在异地申请，但目前不可以随便递交或转移材料。如果异地申请，必须是在能够保持加拿大移民法规实施的整体性/一致性（integrity）不受损害的前提下。一般来讲，申请人应该在其国籍所在地或永久居民所在地或其合法居住12个月以上的所在地移民事务的加拿大驻外使领馆申请。中国大陆的申请人目前一般向北京大使馆和香港领事馆递交申请材料。魁北克移民的初审材料递往香港魁北克移民处，或蒙特利尔移民处；省政府提名项目的初审递往各省政府移民处。通过之后，还需要把材料递交给北京大使馆或香港领事馆的联邦移民处。

家庭团聚（担保）类的申请，要将材料递交到加拿大境内的Mississauga处理中心首先审核担保人的资格，通过后材料被转到被担保人所在国的使领馆签证处审核及发放签证。

6. 加拿大联邦移民申请程序

多年以来，加拿大各个移民项目在申请程序上经常发生变化。有时，先递交简易申请及支付申请费，等待一段时间后发出通知信，要求申请人在规定的时间内提供完整的材料。也有时，申请一开始就需要提交全套、完整的材料。

加拿大移民审核机构内部行政管理程序上的调整是常有的事，这样的调整，不代表加拿大移民法的任何改变。先期递交申请的简化，并不意味着申请材料有减少或变化。因此申请人在递交前期材料时与后期提供的文件必须保持高度一致，前后

immigration

第8章
申请材料、过程、面试 及上诉程序

班芙国家公园的美景令人陶醉

提供文件的矛盾将直接导致申请的拒签。如果在递交简易材料时为了争取速度，敷衍了事地递交了材料，得到了档案号，但可能对后续的材料准备造成障碍，乃至影响了最终申请的成功。

先递交申请材料的好处是，此后如果有关法律法规发生了变化，本申请不会受到影响。申请人的某些变化，如子女的年龄，也会按照申请日计算。

一般来讲，申请的程序需经以下几个环节：

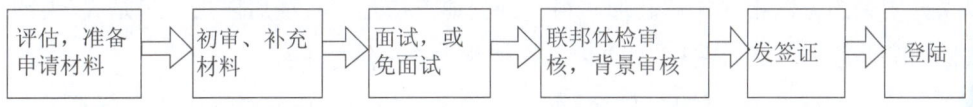

评估、准备申请材料 → 初审、补充材料 → 面试，或免面试 → 联邦体检审核，背景审核 → 发签证 → 登陆

7. 申请过程中及入境前应注意的重要问题

无论哪一类别的移民，从递交申请到入境之前，如果有任何关于自身婚姻变化、家庭成员的变化都要向审核部门及时报告。例如，在申请过程中如果申请人结婚或生小孩，要补交配偶的有关文件或儿童出生证明。这一点绝对不能忽略。由于人口、婚姻状况的变化与签证时的状况不符，会造成麻烦。即使后来添加的人员本

次不申请去加拿大,也要向移民官声明,等待指示。否则有可能会造成入境时或入境以后出问题。

例如,某人已经获得了移民签证,然后欢天喜地地办理了婚事。本来想登陆加拿大以后再把新婚的媳妇担保到加拿大(因为听说可以亲属担保),买了机票就来加拿大登陆了。在入境的时候,新移民需要单独办理入境手续,还需要填写一些表格。其中有"婚姻状况"一栏。理所当然地,要填写"已婚"。但边境的移民官竟然说他不能入境,说他的移民签证是无效的!!当时傻了眼了——必须原路返回,不能入境。有人说,是否当初他不填写"已婚"就没关系了呢?其实,如果不填"已婚",可能将来的麻烦更大!所以,无论是申请过程中,还是获得签证以后,都需要严格遵守有关的程序。程序错了,也会造成严重的后果。

由于人口、婚姻状况的变化与签证时的状况不再相符,即使变化后添加的家庭成员现在暂不申请与主申请人同时去加拿大,也要向移民官声明,并等待指示。否则有可能会造成入境时的障碍(根据加移民部统计,几乎每天都有若干人由于种种原因在海关被拒之门外)。即使已经入境,甚至以后都有可能被驱逐出境!或者今后不能担保亲属团聚。

出现类似的问题时,正确的做法是:暂时不要入境,补交配偶或小孩的申请手续和申请费(依是否家属赴加而定)、交还原发的签证,等待批准。只有在有关人员(后来添加的家属)做完体检并得到申请人可入境批准(换发了新签证)或得到全家所有人的签证时,才可以入境。

如果尚未结婚但不久要结婚,有一种变通方法是,得到签证的主申请人先入境,然后回中国结婚,(回来时应持有独身证明或去加驻华使馆办理证明)将来再以家庭团聚的方法担保配偶赴加。另一种变通方法是,入境后以担保未婚夫/妻的方式协助配偶赴加,然后在3个月之内,在加拿大办理结婚手续。

从这些细微的小事情也可以看出,对移民法规的生疏或对程序的了解不足,经常会造成时间的延误、大笔钱财的消耗,乃至申请被拒绝。通过专业移民顾问的帮助,实际上,会免除很多不必要的麻烦,有时会节省很多金钱和时间。

8. 技术移民的语言考试与免面试问题

(1) 关于IELTS考试

IELTS是"International English language Testing System"的简称。它的中文名称

是"国际英语测试系统",中文简称为雅思考试。雅思分为A类(Academic)和G类(General)。A类考试是为非英语国家学生(学者)赴欧、美、大洋洲等英语国家高等教育机构就读、进修所设立的;G类考试是为移民(及部分专科学生)所设立的语言测试。从1998年初,加拿大驻华大使馆签证处即开始尝试以雅思考试来代替面试的英语评估。但面试并不单单是对英语的评估,移民官往往要通过面试手段解决很多对申请人资格方面的审核问题。也就是说,如果简单地以雅思考试来全面代替面试是不现实的。但是,给那些不再需要通过面试来考察其他方面因素,而只需要测定其英语能力的人一个考试机会,以雅思考试成绩来代替面试,会对减轻移民官工作量、提高工作效率和加速申请人的申请进程有所帮助。加拿大驻华使馆经过了两轮试验性的工作,确定了雅思考试的作用及使用范围。这个经验后来又推广到世界的其他地区。

2008年11月28日以后雅思考试(G类)的分数对应移民英语评估分数:

	听	说	读	写
IELTS成绩	7.5或以上	6.5或以上	6.5或以上	6.5以上
移民得分	4	4	4	4
IELTS成绩	5.5～7	5.5～6	5～6	5.5～6
移民得分	2	2	2	2
IELTS成绩	4.5～5	4～5	3.5～4.5	4～5
移民得分	1	1	1	1

注①:如果语言分数各项都没有超过1分,比如得了3个或4个1分,总分将不按照3或4分计算,移民官会按照总分2分计算。在这里,1=1, 2=2, 3=2, 4=2 。注②:雅思考试中心认定考试成绩2年有效。但在递交加拿大移民材料时,要求考试成绩不得超过1年。

(2)关于TEF考试

如果测试法语,与雅思G类考试相对应的是TEF法语水平测试。这是一种权威的法语水平考试,通过测试报考者的法语理解、表达能力,对其法语水平进行全面评估,并给出阶梯式的成绩报告。TEF的成绩可作为法国大学和高等专科学校评测入学者法语水平的依据;目前申请加拿大移民也以TEF考试成绩,作为评估申请人法语能力的依据。

二 移民拒签案的法律诉讼

就联邦移民审核而言(魁北克及其他省提名另有规定),申请人最终得到的结

移民留学专家导航

论不外乎就是两种：被接受或者遭拒绝。没有中间道路可言。若申请被拒绝，申请人如果认为拒绝不合理，可以考虑诉讼。除了几种极端情况外，被拒绝的申请人有诉讼的权利。加拿大有专门的移民上诉法庭（Immigration Appeal Division, IAD），受理若干类移民被拒案。但有些种类的诉讼不属于IAD管。而在联邦法院（Federal Court）。联邦法院可以受理各类移民案件的司法审议诉讼（Judicial Review）。但在联邦法院诉讼的一个前提是，IAD能够受理的案件，首先经IAD审理。比如，家庭团聚移民被拒案，应该到IAD提起诉讼。而投资、技术移民应该在联邦法院走司法审议诉讼程序。在IAD法庭的败诉案，还可以到联邦法院上诉。

下面就联邦法院的诉讼做个简单的阐述：

如果诉讼人身在加拿大，诉讼期限则只有15天的时间。也就是说，自从申请人（或代理人）收到拒签通知后的15天之内，必须启动诉讼程序。如果申请人在加拿大境外，诉讼期限则有60天的时间。如果在诉讼期限之内申请人没有能够启动诉讼程序，一般来讲，就失去了诉讼权。当然，有时由于特殊原因没有开始诉讼，如果经法官同意，期限可以延长。

案件被受理后，法官会在诉讼受理之日的30天以后，90天之前安排开庭。

加拿大国家银行也用中文招牌

immigration

第8章 111
申请材料、过程、面试 及上诉程序

湖水静谧，风光旖旎，无数人被它深深迷醉，这就是世界遗产瓦特顿湖国家公园的魅力

在上诉过程中，上诉人是被签证官拒签的申请人，被诉人在形式上不是签证官本人，而是加拿大公民与移民部部长（起诉书中的被告是移民部长）。上诉一般要经历上交起诉书、提供材料和证据、法院决定是否受理、开庭质证和交叉询问、提供补充材料和证据、法院判决等几个主要阶段。一般情况下，由于上诉人本人不能赴加拿大出庭，故上诉工作是由加拿大律师来做的。被诉人（直接被诉应该是移民官）可以自己出庭；如果不出庭，可由政府雇用的律师代理。

在庭审过程中，双方辩论的焦点不是申请人是否满足移民条件，而是看移民官在审核过程中是否犯了错误。即使申请人是合格的，如果拒绝的原因不是由于移民官的错误导致的，起诉方也不能获胜。比如，一个合格的申请人，由于他提交的申请材料有误或不充足，被拒后诉讼成功的可能性不大（除非能够找到移民官的错误）。上诉方如果能证明移民官的审核有误，并且这个（这些）错误是导致拒签的原因，获胜的可能性就大了。当然，诉讼是否能够成功，还取决于双方提交的申辩材料、证据以及辩论的过程。

如果诉讼获胜，并不是就直接得出了应该批准发签证的结论。因为法庭判决申请人胜诉，只能说明移民官的审核判定有误。既然审核是一个错误的过程，逻辑上也不能由此推断出申请人一定应该通过并得到签证。一般情况下，胜诉的申请需发回移民处，经由另一个指定的移民官再审核一遍。如果新的移民官认为申请人满足了移民法

移民留学专家导航

规的要求，则发放签证。但如果新的移民官有新的证据说明申请不满足条件，仍有再次被拒的可能。但是，新移民官不可以用以前被法庭推翻的理由来重新拒绝申请。也就是说，如果症结只是原来的，没有出现新问题，再次审核是应该能够通过的。

对于一般申请人来说，申请移民被拒似乎已经司空见惯，多数申请人采取无可奈何或不了了之的态度。事实上，在成千上万被拒绝的申请人中，上诉的是极少数。尤其是在加拿大法庭上胜诉的上诉案件更是鲜有所闻。但如果认为移民官判定有误，可以考虑上诉。有些申请人虽然知道可以上诉，却往往由于对加拿大相关法律程序的不了解而望洋兴叹。也有的人由于超出了诉讼时限而错失良机。

第9章
出境前的准备和出入境须知

immigration

第 9 章
出境前的准备和出入境须知

一　出境前的准备

1. 出境前应注意的重要问题

如前所述，无论哪一类别的移民，从递交申请到入境之前，如果有任何关于自身情况的变化（婚姻变化，家庭成员的变化等），都要向移民审核部门及时报告。申请人结婚或生小孩，要补交有关文件或出生证明。这一点绝对不能忽略。

前边已经提到申请程序的重要性。但经常容易犯的错误是，有些单身的申请人在获得签证后办理结婚手续，或已婚者在得到签证后生了小孩，然后在没有经过向原移民审核机构声明并得到批准的情况下，就持之前所发放的签证进入加拿大。这是绝对不允许的（参见第6章）。

2. 文件准备及注意事项

申请移民成功后，发到手中的是两份文件：一份是因私护照内贴附的移民签证；另一份是移民纸。移民纸一共三层压在一起，层与层之间有复写纸，千万不要将各层分开。也不要将其揉搓挤压，更不要在上面签字及书写任何文字。否则会造成移民纸作废。要仔细检查、核实移民纸上的个人信息，如出生日期、性别、

移民留学专家导航

出生地等内容，以确保准确无误。如发现问题，应退还给签证颁发机构，千万不能自己修改。在移民纸的"33"栏上和护照的签证上都注明签证有效期。此日期不可更改，如不能在此日期前入境，则会导致签证过期无效。若在签证有效期内不能入境，如果有正当的理由，应该申请换证；若在签证有效期内婚姻关系、家庭成员发生变化，如上所述，要把签证寄还签证机构，说明情况，等待通知。

15周岁以下的孩子如果还没有完成免疫接种，应该到当地的卫生防疫部门换取标准的中英文对照的免疫接种记录或证明。因为在加拿大及美国新入学和转学的中小学生，必须向学校提交免疫接种记录，作为学校继续预防接种的参考。

3. 外汇准备

按照加拿大移民法规定，新移民初次登陆时，1人准备大约不低于12,000加元、2人不低于14,000加元、3人不低于18,000加元的生活费，以支付初到加拿大，找到工作之前的消费。2007年2月1日，中国国家外汇管理局发布的《个人外汇管理办法实施细则》放宽了对因私出国换汇额度的限制，因私出境的个人可以从国内各大银行（有外汇买卖业务的分行或分支行），凭个人身份证，一年内一次或累计换取不超过5万美元或等值的外汇。如果想换取更多的外汇，可以到当地外汇管理部门申请一次不超过50万人民币的批汇手续。新移民可以将所兑换的外汇做成汇票携带出境，也可以将所换外汇直接汇入本人已经开好的加拿大银行账户。

大学校园

4. 常用物品准备

赴加后为了尽快开始新的生活，同时也因为一些商品存在较大的地域差价，在行李不超重的情况下，最好能带一些生活用品以方便使用。

常用物品方面，可以带些自己常用的工具书、小药品，可带

第9章

出境前的准备和出入境须知

如果你住在温哥华，周末可以到渔人码头购买刚打捞上来的海鲜

少量的餐具和小五金工具等。如果带电器，要注意加拿大的民用电压为110～125伏，频率为60赫兹。而在中国，民用电压为220伏，频率为50赫兹。因此中国生产的交流电器在加拿大不能使用，但直流电器可以使用，因为两国的电池规格是一样的。最近的护照相带若干张备用。

可多带一些纯棉纺织品，包括衣物、西式床单、纯棉被罩、毛巾等，纯棉制品在加拿大比较受欢迎，并且较贵。不要带厚重棉被，因为加拿大政府规定，冬天公寓的室温不能低于20℃，房主应该保证这个温度。厚重棉被有时太热。中等厚度的太空棉被即可。

找工作面试时穿的较正式的套服每人至少应有一套。好的羊毛（羊绒）衣、绒衣、运动衣每种可带一套。纯棉衬衫（正式上班穿的）应该多购几件，还有内衣、袜子若干。应准备一件长羽绒大衣（居住在温哥华则不需要），以造型大方、实用为主。皮鞋应买物美价廉的优质品（高档皮鞋在中国太贵，不如在加拿大购买），因为下雪时路面要撒盐，加拿大冬天的户外皮鞋是经过防盐、防水处理过的。

不建议带的物品：手提电脑（价钱与国内差不多，有时还更便宜）、电器、日用化工用品、纸制品、食物。

所带物品主要是为了初到加拿大用时方便，其实，一旦有了工作，你就会感觉到许多东西在加拿大并不贵。

二 乘机和出关须知

1. 乘机前的准备

航空公司对行李的限制如下：每人可免费托运两件行李，每件行李不超过23公斤，长、宽、高之和不超过158厘米。每人可带1件手提行李，长、宽、高之和不超过112厘米。加航在淡季有时还会给新移民提供免费多托运一件行李的优惠。

如果从中国大陆直飞加拿大，目前有北京、上海两个始发港。从这两处离境，手续上没有区别。直飞加拿大的飞机有加航、国航和东航，中途转机的航班有日航、韩航、美国西北航空公司等。国航现在只飞温哥华，去其他城市需换乘加航内陆班机，但可以买联程票。加航有直飞温哥华和多伦多两个城市的班机。

2. 出关离境及登记手续

在中国机场出关，需要由海关和边防两个部门审查。海关主要对出关的物品进行检查，以符合中国海关对出境物品的有关规定。边防主要核对护照和签证，进行安全检查。在办理出关手续过程中，最好把护照、移民纸和机票放在一起。

在托运行李中切勿放置贵重物品，所有贵重物品（包括现金、首饰、相机、手提电脑或其他价格不菲的物品）及必需品（包括随身药物、护照、签证及其他移民文件和商务文件），须放在随身行李（手提行李）中。有些物品是不能随身携带或限制携带登机的，如：刀具（但可以托运）、酒类、液体、凝胶、气溶胶制品等。

托运行李前务必把行李锁好，并在每件行李箱外的标牌上写上你的姓名、地址及联系电话，以防出现差错。在行李箱把手上系上一个带颜色的标记，可以帮助你在取行李时更方便地找到你的行李，不至和别人类似的箱子搞混。

拿到登机牌应办理边防验证手续，随后进入安全门对手提行李进行安全检查，

Immigration

第9章
出境前的准备和出入境须知

通过检查后，你就可以带着手提行李登机了。

三 入关及入关手续

1. 入关

在飞机到达目的地之前，机上服务人员会发给每个乘客海关申报表，填写所带进货物所值金额。除了一般内容外，有一项对新移民非常重要的，就是你是否有随机行李以外的行李（Goods to follow，也称后运行李），指的是还在中国没有运过来的行李和正在途中的行李，例如通过海运后到的行李。如果有，必须填"Yes"，否则填"No"。填"Yes"的人，在入关时应向海关询问有关手续，以免在将来托运东西来加时出现问题。

下飞机后，在新移民入境较多的机场会有人持"新移民New Immigrant"的牌子接应，帮助你办理入关手续。如果无人接应，应该尽快办理边境手续，然后到单独为新移民设立的办公室办理登陆手续。如果不知道在哪里办手续，可以问穿制服的机场工作人员"Immigration Office"在哪里。

2. 办理新移民入境手续

移民接待办公室的官员会检查核对你所有应带的文件，并核对护照及移民纸上的内容，此时还会提出一些常规的问题。常见的问题有：你带多少钱到加拿大？你是否有随后到达的行李等。然后让你签字。

根据加拿大海关税务条例的规定，初次到加拿

从指路牌上可以看到加拿大多元的文化

大的新移民,可以把个人和家庭用品免税带进来,但这些物品必须是在你移居加拿大之前就拥有或使用过的。

入境前,你最好将所带入境的物品列出清单,列明各项物品的价格、牌子、款式和出厂号码。如果要把你所拥有的贵重珠宝首饰带来加拿大的话,最好是在第一次报到时全部带来。否则,以后入境再带来的珠宝首饰,就必须向海关证明该物品在移民前已拥有和已用过,才可免税带进加拿大。在这里,对所携带的珠宝首饰进行详细的描述是非常重要的。如果没有这个详细说明,你日后因旅行或公事带这些东西出境,在重入加境时可能被重新估税。保险公司的保单上对这些珠宝首饰的详细描述会减少你许多的麻烦。

四 一家人分批入境须知

随行家属可以和主申请人(Principal Applicant)一起走,也可以待主申请人入境

华人超市一角

第9章
出境前的准备和出入境须知

后再去。家属不能在主申请人不去的情况下单独先入境！如果主申请人先入境，入境后要将移民纸正反面（第一次入境时移民官在移民纸的背面及护照上盖的章）及护照有关页复印（包括相应的印章）寄给后入境之家属（或通过Email发扫描件），家属入境时要带上，证明主申请人已在加境内。如果暂时不带小孩，小孩必须在签证有效期内入境以防签证过期。自1997年起，申请联邦的（以及其他省的）新移民不能在魁北克省边界（如蒙特利尔）进入加拿大国境并办理移民入境手续（除非你申请的是魁北克省移民）。但入境后在加境内各省自由来往并无限制。

如果此次移民签证申请不包括全家人，新移民的亲属只能在日后以家庭团聚的方式申请赴加。

第10章 入境安置

一 登陆后必办的手续

1. 新移民登陆手续

新移民抵达加拿大机场后，一般需要按照下列程序办理新移民登陆手续：

🍁进入机场专门接应新移民的通道，接受专门为新移民提供的安家咨询服务，该服务由政府资助。在这里，新移民在获得口头指导的同时，也可获得一些对日后在加拿大的生活很有帮助的新移民定居手册等材料。

🍁面见移民官，办理移民报到手续。移民官要核对你的护照、签证和移民纸上的内容。移民官问话结束时，会在移民纸上签"永久居民入境记录"，并将最后一联发还本人。此文件非常重要，新移民在收到枫叶卡之前或枫叶卡遗失时，它是证明你永久居民身份的唯一证件，需妥善保管。

🍁提取行李出关。如果新移民有随后抵达的海运行李物品，如大件的家具等，此时应向移民官提供清单，移民官会在清单上面盖章，以作为这些物品将来入关时免关税的凭证。海运清单应该很具体，包括家具的颜色、尺寸、材质等等，否则不予认可。这些工作都应该在登陆之前准备好。

办理登陆手续时，接待新移民的工作人员和移民官都会提供中文服务，新移民

移民留学专家导航

通道的入口处的标牌一般会带有中文"新移民"的字样。

如果新移民需要在加拿大转乘飞机才能最终到达目的地,他们必须在登陆的第一个城市(通常在温哥华或多伦多)办理新移民登陆手续。在他们到达目的地时直接提取行李出关即可。

2. 申请永久居民卡(枫叶卡)

永久居民卡(Permanent Resident Card),又名枫叶卡或PR卡,相当于美国的"绿卡",是一种类似中国身份证大小的磁卡,卡中储存持卡人40多项个人电子信息。2002年6月28日的移民法实施以后,所有完成移民申请程序获得永久居住权签证的新移民,在登陆以后都要申请此卡。2002年6月28日之前登陆的加拿大永久居民,也要在境内申请补办枫叶卡,以此作为永久居住权身份证明。枫叶卡同时可以作为签证使用,永久居民自国外旅行返回加拿大时,需要在出入境口岸出示枫叶卡。

新移民在海关办理登陆手续时,需向移民官提供一个加拿大境内可靠的通信地址,以便移民部邮寄枫叶卡。在你还没有找到房子,或地址不固定时,可以先借用亲戚、朋友的地址作为邮政地址,或者用安家服务公司的地址。正常情况下,移民局会在6周内将枫叶卡寄到指定的地址。如果在登陆时没有固定通信地址向移民局提供,也可以待找到居住地址后,登陆移民局网站申报地址,或致电:1-888-242-2100申请。若入境后180天内未能向移民局提供邮寄地址,申请时需要交一定的费用。若申请以后6周内没有收到枫叶卡,要向当地移民局进行电话查询。

枫叶卡的有效期为5年,到期需要更换。换卡可在到期之日的2个月前递表申请,且须将旧卡寄回移民局。如果在申请等待期间需要离开加拿大,返回加拿大前必须在所在国的加拿大使领馆申请拿大永久居民旅行证件(Travel Document)。

通常要求申请人在申领新卡前5年内在加拿大境内居住至少730天(即2年)。在任何一个5年时段内,在加拿大境内累计居住730天是永久居民的义务。如果不履行这个义务,永久居民身份可能会丧失。

有四种例外情况可将在境外居住的天数视作在境内居住,以维持永久居民身份:

- 随加具有拿大公民身份的配偶在境外居住。
- 受雇于合格的加拿大政府机关或公司,因境外业务的需要在境外工作。
- 随符合上述第二种例外情况的配偶或父母在境外居住。

immigration

第10章 123
入境安置

🍁 移民官认可的人道理由（移民官有很大主动权）。

以上例外情况还需提供能表示与加拿大有紧密联系和长远规划，并且体现有在加拿大长期居住意愿的证据。

根据加拿大移民部的统计数据，申请延续枫叶卡的等待时间约为50～60天，加急处理约为35天。

3. 申请社会保险号

社会保险号（Social Insurance Number, SIN）是非常重要的身份证明，共有9位数字。此号码连同你的姓名印在一张卡片上，称社会保险卡（有华人称其为工卡）。本卡片就像中国的公民身份证（但没有照片），一个人只能有一个SIN卡。它虽叫保险卡，却与"保险"无关，而是辨明身份的代号。无论是上学、就业、银行开户、买保险、购房、置业、报税、办养老金及就业保险，还是参加重大的组织活动，都要用到社会保险卡。

初抵加拿大

移民留学专家导航

新移民申请SIN卡，需要带上护照和移民纸到所在城市的加拿大服务中心（Service Canada Centre）填表，同时提供邮寄地址。中心工作人员审核后会给你开具一个写有你姓名、地址和SIN卡号码的收据，作为你临时的SIN卡，你可用它到银行开户等及其他一些临时用途。正式的SIN卡将会在10个工作日内寄到你预留的邮寄地址。在加拿大出生的人，其SIN数码以"1"开头，短期签证的外国人的SIN卡则以"9"开头。作为永久居民，你申请的SIN卡的第一个数字可以是从"2"到"8"中的任何一个数字。如果有配偶和子女，一家人的SIN最好一起办理，以节省时间。有关部门地址、电话可根据电话簿上的蓝页寻找。每个城市的加拿大服务中心的地址可在登陆时得到的"新移民定居手册"中获得，也可通过下列网站查找：www.servicecanada.gc.ca

4. 申请医疗保险卡

医疗卡（或健康卡）是在加拿大取得福利医疗待遇的证件。每一个加拿大人，无论你是公民还是永久居民都可以领取一张带有姓名、出生年月和个人健康号码（Personal Health No.）等基本信息的医疗磁卡，英文称Health Card。各省的医疗卡所含信息和外观有所不同，但功能基本相同。有了这张卡，在加拿大看病、医疗护理、化验诊断及住院治疗都是免费的。需要注意的是，如果你是在门诊看病，医生开出处方后，你必须自己去药店买药，药费是自付的（老人除外）。但低收入家庭可以申请政府补贴。

虽然医疗保险是加拿大政府给所有公民和永久居民的福利，但如果不办理手续也是不能直接享受的。尽早办理医疗卡也是保护自己所必需的。未雨绸缪，在加拿大，没有医疗卡时的医疗费用会十分昂贵。遇到普通头疼脑热之类的小病，可以到药店买些非处方药，但遇到紧急情况，或需要手术，几天就可能花掉上万加元。所以，医疗保险越早办理越好。即使如此，从国内带一些自己常用的药品，也会带来方便的。

医疗保险是由省政府财政支出的。每个省的具体规定也不尽相同。在很多省，你无须缴纳任何费用即可得到免费的医疗保险，但在BC省，每人还是要象征性地交一点费用的。

医疗卡由省政府负责发放，在不同省有不同的名称，例如在魁北克被称为Medi-Care Card，在安省被称为OHIP Card，在BC省则称为Care Card。医疗卡一般要等得到

immigration

第10章
入境安置

SIN卡后才能申请，一家人应一起办理。申请表可以从省政府卫生部门的网站获得。表格填好后附上护照、移民纸或枫叶卡的复印件，一同寄给省卫生部。在某些省，如同时申请子女的医疗卡，还可能要求提供你与子女亲属关系的公证。由于医疗保险是政府自主的福利计划，每人只能在一个省内申请医疗卡。一般来说，申请时政府官员要考虑你是否稳定下来，如果政府发现你只是在此短期停留，或发现你没有稳定下来的打算，就有可能不发或推迟发放你的医疗卡。当你被确认为有资格享受政府的医疗保险后，政府会在3个月内寄给你医疗卡。绝大多数省政府规定，医疗保险从你入境之日后的3个月开始生效。所以入境后的前3个月，为安全起见，你可购买非政府性的家庭医疗保险计划。各大银行及保险公司都有家庭和个人医疗保险项目，其保险种类名目繁多。购买保险属于自愿，可根据自己的实际情况决定是否购买。

有些短期在加拿大逗留的人也可以享受医疗保险，有的需要自己付钱购买。如果你是学生或访问学者，可以向你所在的大学或邀请你的单位联系办理；如果你是持工作签证来加的，可以到所在地区的公费医疗管理机构去咨询。

加拿大政府的医疗保险为社会福利性质，公民及永久居民均可以免费享受，但也并不意味着对你的大病小痛全包全揽，例如，近视眼、牙齿疾病及美容性质的手术就是例外。即使没有病，例行的身体检查也可以免费，但如果是为了购买保险，特殊就业等做的体检是要付费的。由于中医在大多数的省没有正式纳入加拿大的医疗系统，通常看中医或针灸等要自费。儿童的卫生免疫一般由学校组织实施，不用交费。如果要享受治牙病及药费的保险，可以购买保险公司的医疗保险计划。另外政府的医疗保险只负责你在加拿大境内的医疗，如果你在境外治疗，则需要有特殊的保险。如果你在加拿大已投保，在加拿大境外生病住院，只要你所支付的医疗费用没有超过加拿大同样疾病的医疗费标准，保险公司仍然会承担这些费用。

政府的医疗保险计划只负担检查费、诊断费、治疗费、但不负担一般性看病的药费。如果是住院治疗，则住院费、手术费、包括药费等全免。医疗保险计划保的是"险"，而最大的险是住院或手术。在加拿大药费较贵，有些药必须有医生的处方才能从药房或药店买出，例如抗菌素类药及镇静类药，这类药品称为"处方药"（prescription drug，或 prescription medicine）。而不需处方就能在柜台或货架上买的药品，称为"非处方药"（non-prescription medicine），例如一般的咳嗽、感冒药及非抗菌素类的药以及维他命类药。一年的处方药的费用累积起来如果超过一定数

额，可在年底报个人所得税时（Personal Income Tax）免掉一部分税。而买非处方药的花费，无论有多高都不能免税。为了能够报销药费，许多政府部门及公、私营公司都向保险公司购买药品报销计划，这样一来，医疗费由政府负责，药费由保险公司负责，万无一失。

平时看病，可以根据自己的情况选择一个比较满意的家庭医生（family doctor），这种门诊关系一般比较固定；病人也可以任意选择医生或医院。如果不是急诊，住院治疗须经医生建议。去医院看病必须携带省政府的医疗卡。你每去一个医院，医院都会再给你一个医院自己的磁卡，每次携带刷卡，免去了记录姓名、地址、电话等的麻烦。

无论是社会保险卡还是医疗卡都不能借给其他人冒名顶替使用，否则会受到严厉的制裁或处罚。有关医疗方面的问题可参考加拿大政府网站：www.hc-sc.gc.ca

5. 银行服务

加拿大除了国家银行外，其他都是私人银行。在加拿大，主要银行有：皇家银行（Royal Bank）、蒙特利尔银行（Bank of Montreal）、道明银行（TD Bank）、帝国商业银行（CIBC Bank）、斯高莎银行（Scotia Bank，也称丰业银行），等等。在加拿大的不同的银行有不同的服务标准和对客户的要求。

如果你到银行去开个人账户，需要出示两件以上的身份证件，如护照（连同移民签证）、汽车驾驶证、社会保险卡或医疗保险卡。如果你没有后三种证件，可以请你所在的企业、公司或学校给你写一份证明信来证明你的身份。加拿大境内的大多数银行不给临时过境的外国人开银行账户。开立账户后，银行就会给你一本存折及一个带有账户的银行卡，同时银行让你本人选择确定一个密码。为了防止别人盗用你的银行号，不要写下来与银行卡放在一起。账户开好后，按照申请人的要求，客服经理还会马上给你开通网上银行，更方便您在家里完成转账、付账手续。加拿大的银行网点一般都有中文服务，也不用担心语言障碍。

在银行开立账户，要先向银行职员问清账户的种类和区别。银行职员会根据你的经济情况和想要的服务种类为你推荐合适的账户。常见的活期账户有"Savings Account"（不能用支票），或"Chequing Account"（可以用支票），还有混合型的账户（Savings and Chequing Account）。有的户头规定有最低结存额（minimum balance）。一旦账户结存的余款低于此限额，银行就会收取服务费。最好开一个

immigration

第10章
入境安置

萨斯喀彻温省的一家酒店

能用个人支票并且不需要最小存款额的户头。平时付账单使用个人支票非常方便。银行的利息与存款数额大小有关，为了有较大的结存额，夫妻可以共同开一个账户（joint account）。如果有美圆，可以单独开具美圆账户。需要时再以较合适的比价换出。在加拿大的许多大城市都有换汇的店（称为 Foreign Exchange，或 Currency Exchange），不同的店及银行有不同的汇率，所以当换汇数量大时，应首先对汇率做一下调查比较，以免造成损失。

随着你银行存款数额的增加，可以考虑开定期存款账户（Term Deposit），存款利率较高。可以咨询银行职员，挑选一种比较合适的种类。与中国不同的是，定期存款一般不能提前支取。

平时存取款时，你可以在银行的柜台上办手续，也可以用银行卡在自动柜员机（ATM）上办理各种手续。加拿大的自动柜员机的功能比中国的多，除了取款、付各种账单、向其他人银行户头上转账、查询账户结存，还可以存入现金、存入支票等。各个城市里自动取款机都很多，用起来非常方便。使用取款机，如果你前面有别人在用机器，应站开一段距离，以免有观察别人密码之嫌。

移民留学专家导航

银行在每月月底会结清你的存款利息，月初就记入你的账户。根据你的要求，银行可以每个月给你寄送清单（Bank Statement）。总之，加拿大的银行服务十分周到妥帖，绝不会给你的生活造成不便。

在加拿大，银行服务是你生活中非常重要的一部分。你的工资一般由雇主发支票或者雇主直接向你的银行账户拨款。商场、超级市场可以用银行卡直接转账付费。银行的服务缩短了财务往来的距离，不同城市之间的付款、转账也非常方便。有了银行账户，银行卡及支票，平时很少用大额现金，钱包里不需要放很多现金，既安全，又方便。

你现在如果已经持有移民签证但尚未赴加入境，也可以在中国境内先办好在加拿大银行的账户。这样可以省去登陆后的麻烦。预先有了银行账号，对于办理医疗卡等手续也会有帮助。目前在国内注册的加拿大银行有：蒙特利尔银行、加拿大帝国商业银行、加拿大皇家银行等。

信用卡和银行卡有时通用（付账），但它们仍有许多不同之处。虽说申请信用卡并不像前面几项手续那么紧急，但也是入境以后必须面对的。如果说加拿大银行的服务五花八门，面面俱到，信用卡的使用则是继此之后更加方便客户的服务。申请信用卡不见得一定要有工作，但一般情况下申请时要求使用者有相当的稳定收入并且以前的信用良好。信用卡虽然会给人们带来了更大的方便，但逾期不按时补足透支的款项，是要付出高额透利息的，可以达到年利率的18%。信用卡种类有若干，如Visa, Mastercard, American Express等。有的种类每年要交一定的年费，有的没有。有些银行为鼓励信用卡消费，某些种类的卡还有返点等优惠。

无论是申请银行账户还是申请信用卡账户，申请人都要签字备案。在去银行之前，应该设计一个得体的签名（甚至入境前你就可以设计自己的英文签名）。签名的最主要目的是用来核实持证人的真实性。设计签名时应该注意以下几点：

第一，要草一些，太工整的签名容易被人仿冒；

第二，要具有自己的特点，尽可能潇洒漂亮些；

第三，签字只是一个手迹符号，不是为了别人阅读，到底是否能够辨认清拼法并不重要（很多西方人的签名看不出拼法）；

第四，反复签名时要具有稳定性，不能每次签得都不一样。

签名设计完后，应该反复练习，形成稳固的字体。应该挑一个最满意的签字留作底稿，永久保存，以防时间久了签字变形太大（如果你没有留一个签名的样本，若干年后，你的签名慢慢变化，会和初始的大不相同）。当你得到银行卡或是信用卡时，应该立即在背面签字，防止被别人冒用。

6. 18岁以下子女申请"牛奶金"补助

"牛奶金"的英文原意是"加拿大儿童税务福利金"（Canada Child Tax Benefit），俗称"牛奶金"。是加拿大政府按月支付给有资格申请人的免税津贴，用以帮助供养18岁以下儿童成长。

有资格申请"牛奶金"的人，应该是和孩子同住的加拿大的税务居民，并且必须是承担全部或大部分照顾及养育孩子责任的人。同时申请人或配偶必须是加拿大公民或永久居民，或持有部长特许签证的人，或遵照难民公约所收留的难民（Convention Refugee），且在申请"牛奶金"前已经在加拿大居住满18个月。一般情况下应以母亲的名义为孩子申请"牛奶金"，但亦有孩子的父亲、祖父母或监护

人代办的。

新移民登陆后取得子女的社会保险号（SIN）后就可以申请"牛奶金"，相关申请表格及资料，在海关入境时可以得到，也可以在居住地的政府税务部门索取或致电加拿大国税局1-800-387-1193或登录其网站：www.cra-arc.gc.ca查询。一般所需的申请材料有：填好的RC66表格（牛奶金申请表）；新移民或重返加拿大的居民提供的移民纸、儿童出生证或公证；新生儿提供出生证明。申请时可以要求政府将牛奶金用支票寄到家中，也可以要求将其转到母亲或子女的银行账户上。政府收到申请2个月内会有答复，如不补材料，即可收到款项，一般每月20号前后支付。

二　加拿大的社会生活

1. 加拿大的交通

多伦多市区具有传统风格的有轨电车

immigration

第10章
入境安置

加拿大出租车

刚到加拿大的移民最好先到地铁站拿一张免费的公共交通地图,熟悉一下城市的交通及全貌。加拿大的交通很发达,各种各样的交通工具都有,尤其是汽车。当地的驾驶员教育中心有《驾驶手册》,通过它可以熟悉加拿大的交通信号、交通规则等。

当你漫步在加拿大街头,一定要注意交通信号灯。很多城市的交通信号灯下都有专门给行人设置的步行灯,步行灯亮时才允许横穿马路。有些路口的灯杆上有为行人设置的按钮,按了以后灯会变,使行人得到优先权(the right of way)。有些小路口没有红绿灯,却有"STOP"(停止)标牌。在这样的路口穿行马路,行人不必避让机动车,可以先行。因为根据加拿大的交通规则,机动车每当行使至有"STOP"指示牌的路口,必须彻底停车。但在有明确标志表示机动车有路权时,行人一定要谨慎,如果你不按规矩走路,非常容易出事故。

如果使用自行车出行一定要注意,因为加拿大部分地区冬季降雪较多,这样的路面并不适宜骑车。但在4～11月是可以骑自行车的季节。在市内骑车要很谨慎,因为在加拿大,许多公路及街道没有自行车专用道,自行车可以占右侧的机动车道。按照交通法规,机动车应把自行车当做机动车对待。在加拿大骑自行车应戴安全头

移民留学专家导航

盔，晚上骑车时最好在车身或身上带有荧光夜明标记，使其他车辆的司机看到。由于绝大多数加拿大人只是把自行车当做运动工具，所以一般的自行车都没有后架，即使有也不能载物或带人。

加拿大的公共交通包括公共汽车、电车和地铁，温哥华还有空中轨道列车，当地华人称之为天车（Skytrain），类似北京的轻轨。从温哥华去省会维多利亚，需要乘轮渡。公共汽车票价一般是1～2加元，成人、儿童、老年人票价不等。每个城市售票制度也不尽相同。汽车和地铁可以连用一张票。因为是无人售票，所以你必须事先准备好零钱，多投不找。上车后将钱投进一个方桶里，然后向司机要一张换车票（transfer）作为买票的凭据。拿着这张票你就可以换乘另一路汽车或地铁，一直到你的目的地为止不用再买票。但不要向相反的方向换乘车。如果需要从地铁换乘地上交通，千万不要忘记在地铁检票入口处的机器上取一张换车票（否则在地面乘公交车还需要重新买票）。如果你乘公共汽车比较频繁，买月票更合适。学生凭学生证、65岁以上老人凭老年证可以享受优惠票价。

加拿大的交通标志，包括街道标牌、门牌号都非常齐全、方便。但有一点对中国人来说极不习惯——多数公共汽车站没有站名！更有甚者，如果你不告诉司机你要下车，此站又没有其他人上下车，车可能不停。因此你要注意观察汽车行驶的位置，在下车站之前拉铃告诉司机你要下车（公交车门上方有绳，拉动车铃）。如果自己太没把握，可以在上车时告诉司机你下车的位置，司机会提前提醒你下车。

2. 租车和买车

出租车（taxi或称cab，有时也称taxicab）虽然没有在中国那么多，但在加拿大的大城市街头也随处可见，招手即停。但在一些小城市，街上的出租车很少，乘出租很不方便。有时必须打车，只能预先拨打出租车公司的电话叫车。如果乘出租车路途稍远，尤其司机帮助你提行李，除按车内的计价器上的显示付费外，一般还要另给小费（10%左右）。因为家庭轿车很普及，一般来说，除有特殊事件，加拿大很少用到出租车。

你如果想短期使用一辆汽车（如度假或到另一城市游玩），可以到租车行按天数租赁轿车。手续比较简单，只需提供租车人身份证明，不需要押金，按每天70多元起价（租的时间长还可以优惠）。取车时，油箱已经加满。在你还车之前，也要求你把油箱加满。

Immigration

第10章
入境安置

在加拿大买车的价格是较便宜的。买一辆同一款新车,大概相当于中国50%～60%的价格。如果买二手车(second-hand car),几千加元甚至更少就可以了。所以,一般人都买得起汽车。加拿大的道路交通非常发达,开车会给工作和生活带来极大的方便。

汽车拥有者购置车辆保险(第三方保险)是法律强行规定的,购车不买保险不能上路。由于不同的保险公司具体规定不尽相同,你应该多联系几家保险公司做比较,问清细节,选择一家合适的公司。保险种类和条款五花八门,可以根据自己的意愿选择,但规定的基本种类是必须买的。购买保险时一般要填写主要驾驶员,可以和车主不同,但要属实。保险公司要根据驾驶员的情况确定保费的额度,一般来说,年纪太轻,吸烟、喝酒的,单身的,文化水平低的,驾龄短的,有车祸记录的,男的,保险费会高一些。反之费用会低一些。相关信息要反映到保险申请信息中,如果提供的信息不属实,有关部门可判高额罚金。保险单要随车证和驾照始终带在身上,如果开车时没带保险单,会有不超过200加元的罚款。

在加拿大,驾照持有人必须年满16周岁。如果不是专业司机,考驾照的类型通常为"G"类,持此驾照,可以开小轿车、小客车和小货车,但不能开大型客车、货

当地华人开办的车行

车或摩托车。

各个省对驾照的考核、管理是不尽一致的。即使你已经有中国驾照，仍需着手准备考取当地驾照，并向所在地区的驾驶员服务中心或交通管理部门咨询有关事宜以及免费索取《安全驾驶指南》（Safe Driving Guide）。有时也可以在当地中文书店买到中文版。由于加拿大交通规则和国内的不尽相同，所以即使是老司机也不可对考试掉以轻心。经常能够听到老司机考试还不如新手的笑话。问题不在于技术，而在于两国的差异和是否能高度重视各个细节。

路考驾照时，对一般人容易忽略的小动作也应该做到位。有些细节的规定，和在中国驾车不太一样。例如，遇到"STOP"标志牌一定要停稳后一两秒钟再前行。换线或拐弯时，除了看反光镜，还要回头查看盲点（blind spot）（而在中国只需要看反光镜就行了）。在行人及机动车都可以走时，车应该谦让行人（因步行者有优先权），而在中国一般习惯于人让车。尤其要注意的是，如果你的前面是一辆校车，你一定要当心！不要距离其太近。校车停车展示出"STOP"牌子时，所有车辆都必须停车等待，直到学生上下车完毕开走。因为校车里的"客人"都是学生，他们的安全是绝对要保障的。如果不谦让校车，处罚是极其严重的。

3. 购物

对于初到加拿大的人来说，如何购买到物美价廉的东西也是受到关注的焦点之一，加拿大的购物场所同中国基本相同，一般有以下几种形式：

购物中心（Shopping Centre, Shopping Mall）。购物中心常常设在公共交通沿线，并设有停车场，方便顾客往来。购物中心内部有许多不同的商店，分别出售不同类型的商品，如服装、文具、鞋子、箱包等。购物中心内也会有较大的百货商店（卖各种服装、日用百货、化妆品、家具、礼品等），这里的货物品种比较齐全。为了方便顾客，购物中心内还设有餐厅、银行和超市。

超市（Super Market）。主要卖各种食品原料，包括新鲜蔬菜、肉类、蛋奶类、半成食品及熟食、饮料、各种日用品等。由于商业竞争的原因，各个超级市场每周都有不同品种的商品降价，消费者可以按照商品广告选择自己需要的商品。

大城市里通常有"中国城"，或称"唐人街"（China Town）。那里有各类中国商品。最典型的商品是各式各样的干鲜食品。你可以买到南方的干鱼，也能够品尝到王致和酱豆腐，六必居的干黄酱。水果、蔬菜品种也比较多，一般比超市要便宜。

Immigration

第10章
入境安置

对于中国移民，每周去一次China Town似乎是必需的。在华人比较集中的城市，如温哥华，可以找到许多专卖中国商品的超市，如大统华、中国大世界等。在这里，你不仅能够买到各种各样的中国食品、杂粮、日用品等，那氛围就宛如你置身中国购物一样。

华人超市的商品品种繁多，价格合理

加拿大的水产品非常丰富。有很多国内少有的高级海鱼，也有各式龙虾、螃蟹。和中国的水产品相比，尤其是高档海产品，价格相对低很多。

仓储式商店（Warehouse Store）。一般不在市中心。商店像一个大仓库一样，没有橱窗和柜台，只有高高的、满满的货架，顾客可以推着手推车自取商品。因为雇员少，成本低，这里的商品价格相当于小量批发，很多商品都是大包装。有些易于保存的日用消耗品，在这里买比较合算。

许多大型的百货商店除了分布于购物中心，还有独立的分店。比较常见的大型百货商店有The Bay、Wal-Mart、Costco、Sears、Zellers、Kmart、Canadian Tire、Home Depot等。Wal-Mart、Zellers等店的很多商品都是北美的厂商设计，在第三世界生产的，所以比较便宜。加拿大的很多城市中还有主要服务于中低收入者的廉价商店，廉价商店的商品品质并不见得差，价格低主要是因为进货渠道花费小，设备及装修简单，经营者只雇很少的员工，降低了企业的开支，以薄利多销的方式吸引顾客。

4. 电话与通信

加拿大电话安装费非常便宜，方便时一天即可安好，如线路不是很方便也只需要2~3个工作日。打市内电话不按通话时间收费，月租是固定的，基本服务费每月二十几加元，长途和其他费用另加。这种制度使得某些家庭主妇喜欢在电话上长时间聊天。

打长途按时间收费，不同时间收费也不同。每天的时间被分为几个阶段，夜间和休息日最便宜。在电话簿上可以找到不同时间对不同地区的长途电话价格。但相对而言，用电话公司的服务直接拨打长途还是比较贵。目前流行的打长途电话的办法有两种：一是买长途电话卡，在普通电话上输入卡号和密码即可拨打国际长途，费用很低，大概相当于中国的市话费（即使同时用了本地电话，因为不按拨打时间付费，所以你只需要付卡费）。二是用Skype（或"小蜜蜂"）网上电话。这是非常好的通话方法。如果双方都在网上，通话是免费的。安装一个视频摄像头（很便宜），可以同时看到对方，犹如隔窗说话，也没有附加费用。如果用Skype拨打对方的固定电话，可以按照包月付费，目前大概每月20加元。

电话局为每一部电话都免费配有两本电话簿，分黄页（Yellow Page）和白页（White Page），是查询有关信息的有效工具。黄页电话簿主要是商业用途，按业务分类列有本城市各类公司和机构的电话；白页电话簿是私人电话（附带部分公司电话，按公司名称排序），电话簿后附有蓝页（Blue Page），政府各部门的电话都分门别类列在其中。

在加拿大寄信一定要记住写邮政编码，否则信会很慢才能到达。加拿大的信件种类跟中国国内差不多，有平信、航空、快信（Express）、挂号信（Registered），挂号信又分为普通挂号和挂号保险两种。当然，最快最保险的还是要用特快专递（Courier）。如果你要寄小包裹，可以直接扔进红色的"加拿大邮政"（Canada Post）信箱中，要是包裹太大，就必须得去邮局了。

互联网是人人都离不开的工具。有许多公司办理互联网开户业务。价钱和服务有所不同。个人电脑用电话线与互联网相连，速度较慢。其他网线如通过有线电视（Cable TV）的线路与互联网相连效果更好，只是比电话线联网贵。有了固定住处后首先将计算机联网是非常必要的。

三　在加拿大安顿和置业

1. 租房

移民来到加拿大，首先要为自己和家人找一个栖身之地。初到加拿大，绝大多数人都是租房子住。通常新移民可在报纸分类广告（Classified）中"租房（Rent）"一栏找住房。也可以通过熟人介绍。不出一两个星期你就能够熟悉环境并找到合适的住房。

在加拿大不同的城市，对同样的成套居室有不同的称呼，例如在魁北克省，一套一室一厅、带厨房、厕所的居室被称为three and a half（三又二分之一），而在安大略省，同样的居室被称为One Bedroom（一居室的卧室）。所以在找房时，要搞清楚居室的实际意义。在不同的城市，房租相差也很大，例如在蒙特利尔市，一套three and a half的居室，其月租金一般不低于500加元。而在多伦多，这样条件的居室不会低于800加元。如果想与他人合住（Share），双方就应有约束及默契，以免造成不愉快。如果与你合住的是你的房东，那就意味着你要"牺牲"一些自由，如：和房东共用卫生间和厨房；要遵守房东的一些规定，诸如不能过多地邀朋聚友，厨房禁油烟，不能高声打电话等。租住house的地下室相对来说比较自由，租金也便宜些。

商业性出租的房屋最常见的就是公寓楼（Apartment），住户共用楼梯、电梯和地下停车场。公寓的阳台只可凭靠眺望，享受阳光，不能作晾晒衣物之用。在公寓居住和house相比有一个方便之处，那就是少了冬季扫雪、夏季锄草的麻烦。公寓也有高低档之分，在多伦多，高档的家庭套居（如两室一厅），有可能花1,000多加元，内有空调、洗衣房（Laundry Room，包括洗衣机和烘干机），有的楼下还有公共游泳池、桑拿室（Sauna Room）、健身房等设施，生活十分方便舒适。中档的两室一厅，月租也得1,000加元左右，但洗衣服要在公共洗衣房使用投币洗衣机和烘干机，楼内也没有上述公共健身设施。

租房还有带家具（Furnished）和不带家具（Unfurnished）之别，当然带家具的房子租金要贵一些。一般来说，租金中包括了水、电、煤气费及冬天暖气费用、煮食炉和冰箱费用，甚至可能还包括停车位、洗衣机等费用。但也有的房租中不包括水电费。在租房之前一定要问清楚房租中所包括的内容，例如水、电、煤气及取暖费等。在签租约之前，最好是亲自到房子里察看一下，有时亲身感受和电话里谈的情况很不相同。还要看看房间是不是一切都正常。通常签约时要交两个月的房租（包括一个月的押金），租金一般是以月计，每月底或下月初支付。如果要搬家，应该至少提前1个月和房东打招呼。

租房子要签约（Sign a Lease），但各省的租约各有不同的标准。一般来说，一份租约应该有如下条款：月租金额和付租日期；租约有效期限；押金数额（用来支付房客造成的房屋和其他设施的损坏赔偿）；租金包含的项目内容；公寓的居住人数；关于宠物喂养的一些限制；等等。

签约之前应该仔细阅读租约，确保自己同意租约中各项条款的内容。搬进房子之前，应该要求房东书面承诺负责履行他所答应的，诸如修理房子、装修或提供储物间等义务；另外，最好让他写一份书面文件，写明在你搬入之前已经存在的一些损坏情况，以免这些损坏的责任凭空落在你头上。当然，你也可以自己写好，让房东签字，并附于租约。

房东有维修住房的责任，如果他没有承担应负的责任，你可以要求房东履行责任。出租的房屋在冬季应该保证室温在20℃以上，如果过冷，房东有责任改善，否则房客可以不受合同限制而搬走。另外，除非有不得已的紧急事件，房东不能闯入房客的房间。如果他想进入你租的房间，应提前于24～72小时发给书面通知，或是征得你的同意。房东要想加租，必须提前3个月书面通知房客。加拿大法律规定，房租一年只能涨一次，涨幅不得超过规定的百分点。如果房东非法涨价，你可以向政府控告。

房客应该认真阅读一下自己所住省份的《租务法》，以便熟悉房客应承担的责任。首先你应该遵守租约规定的内容，例如负责修理自己造成的损坏。先获得房东同意再在墙上或地板上钉钉子、刷油漆等。其次，当你准备搬家时，你必须认真查看一下租约，然后再向房东发出通知。一般来说，如果搬家时租约尚未期满，房客还应该付房东租金。如果付租方式是每月一付，那么退租通知最晚应在搬家前1个月以书面形式交给房东或公寓经理。

房东如果对房客不满意，并有正当理由，可以提前20天以书面形式通知房客搬走，或给房客7～14天的改过期。另外，如果房东自己需用房子，可以提前两个月提出要求请房客搬出；如果房屋需要修理或改建，房东可以提前120天通知房客搬走。

加拿大不是无忧之国，在租房过程中也要提防陷阱。

2. 买房

加拿大住房大体上可以分为公寓楼（apartment building）和房屋（house）。"公寓楼"在中国很常见，与加拿大的大同小异。"房屋"在中国称为别墅，为一至三层（外加一层半地下室）的家居建筑。公寓相对便宜，价钱由20万到几十万加元不等。"别墅式"房屋根据城市、地理位置、质量、房龄、面积不同，价钱差别也很大，一般由几十万到几百万不等。

在加拿大住房费用是日常生活中最大的一笔开支，每个月的房租，加上电费和电话费，至少得花掉你收入的四分之一以上。况且，租住别人的房子毕竟不如住在自己的房子里舒心、自在，也不能按照自己的兴趣来装修布置。因此，很多有能力的移民在加拿大稳定下来以后，都希望能住在属于自己的房子里。在加拿大的三大城市中，温哥华房价最贵，其次是多伦多，蒙特利尔相对便宜。而到了萨斯卡通，一栋两层加地下室的别墅，才30多万加元。在同一个城市里，不同地区的房价也有很大差异。

购买房子需要注意些什么呢？首先，你应该先在银行落实了房屋按揭贷款（mortgage loan），再去挑选自己中意的房子。否则，你可能已经挑好了房子，却发现自己的财政状况不合格。而且，有了房屋按揭贷款在手，卖方也会增加对你的信任，重视你的还价。

几年之后，你也可能拥有这样一所别墅

另外，很多加拿大人都通过房地产代理公司（real-estate agent）购房。房地产代理公司的服务费用由卖方支付。你可以通过你所住地区的房地产代理公司或电话薄黄页分类的待售地产清单找到房地产代理人。当然，最好的办法是请你的亲朋好友给你介绍一个可靠的代理人。

找到了合适的房地产代理之后，你应该多和他讨论你对房子的要求和喜好，并向其提供你可付价格的详细资料，让他明白应该为你找什么样的房子。在他找房子的时候，你应该准时赴约，准备充分的时间去仔细察看每一间房子。如果你们找到了中意的房子，房地产代理就要为你准备还价建议书（offer）了。你也可以先到中意的地区开车转转，看到了标明出售的如意住宅，再去按照标牌上的联系电话找房产代理商。一定要认真研究有关的各个细节，例如房屋结构、质量、房龄、照明、电器、门窗及地毯、交屋日期等。你和卖方可以互相讨价还价，直到达成协议签字为止。签名之前，你应该请律师核查一遍协议，看看你的合法权益是否受到了保障，房屋在以前是否用作借款的抵押等。等到卖方也在协议上签了名，这份建议书就具有法律效力了。

如果你要买的是新房子，可以先去查一查建筑者是不是持有省建筑商管理局颁发的许可证，或者去省住宅建造者协会和建筑同盟查一查建筑图纸是否在这里注册过。这样可以保证你所购房屋的质量。

在购房时，你应该随时注意用法律手段来保护自己。例如建筑人员用欺骗或虚假的方法向你介绍房屋，你就可以依据《消费者保护法》向本地区保护消费者办公室投诉。如果你买的是旧房子，购后发现房子有不易发现的缺陷，也可以通过法律来解决和原业主之间的争端。

最后，你所关心的应该是购房所应付的款项了吧？在加拿大购房，根据法律，大多数财务机构会在要求申请人首期支付成交价的25%的前提下批准房屋按揭贷款。否则，你就需付很高的按揭利息率。购房人应付有关的法律费用和保险费。在签订还价建议书时，一般须付成交价的5%作为订金，另外还有一些相关的法律费用、验屋费、房屋按揭贷款费用、物业保险、房屋税费、卖方的一些支出、市税等。如果是第一次购房，可以申请政府担保贷款。这样，购房者首期只需要付房款的5%，而其余的95%可以由银行贷款。

以分期付款的方式买了房子，付了房款总额四分之一的第一期款以后，可以考虑把其中的一部分（如地下室）出租，然后每月用租金付购房余款。这样，在没有

移民留学专家导航

大笔资金的前提下,购置如意新房也没有很大的经济压力。

当一切都处理完毕之后,你就拥有这所房子了。接下来的就是一家人欢天喜地乔迁新居,开始新的生活。

冰球是加拿大的国球

第11章 寻求新的发展机会

一 华人在加拿大的社会角色

30多年来，在中国改革开放的大潮中，越来越多的中国人抱着走出国门，寻求新的发展机会的目的，到世界诸多发达国家工作、学习、定居。加拿大理想的居住和生活环境及较宽松的移民政策一直吸引着不少中国人的视线。到目前为止，在加拿大为数众多的外来移民中，华人移民已经接近135万（其中香港人占了50万），占了加拿大总人口的3.9%左右，成为加拿大多元化社会中不可忽视的一个分支，汉语也成为仅次于英语、法语的最通行的语种。移加华人的生活状况如何？他们在加拿大的经济生活和社会生活中扮演着什么角色、处于何种地位？这些是每一位想申请赴加定居或刚刚抵加的中国人希望了解的问题。以下从几个方面对这些问题做一下简要介绍。

1. 华裔伍冰志女士宣誓就任加拿大总督

1999年9月8日，加拿大传出了振奋人心的消息：加籍华人伍冰志女士将要出任加拿大总督！她于1999年10月7日宣誓就职，成为加拿大的第26任总督，是加拿大历史上的第二位女总督，也是首位华裔总督。消息不胫而走，在华裔社团中引起巨大

移民留学专家导航

加拿大总督伍冰志检阅军队

反响。伍冰志女士是中国人的骄傲，为海外华人，也为中华民族争了光。

　　英国女王伊丽莎白是名义上的加拿大最高元首。总督是女王派驻加国的代表。虽然实质上最高行政权力的执行人是总理和内阁成员，但在名义上，既然总督是女王的代表，也就代表着国家的最高权力。总督的职责包括：召集或解散议会，主持总理、最高大法官、内阁和枢密院成员的就职仪式、签署议会通过的法案以及统帅三军。伍冰志女士荣登总督宝座，具有很强的象征意义。标志着中国人在加拿大社会的政治、经济舞台上扮演了越来越重要的角色。

　　伍冰志，任总督时年60岁。1942年，她在日本侵略中国时随父母由香港逃亡至加拿大。曾获多个博士学位，能讲多国语言。伍女士发表过3部小说，代表加拿大出任过驻法国的外交官，三十几年来在电视传媒业供职，做过影视导演、编剧和电视黄金节目的主持人。伍女士为人坦率正直，诚恳热情，思想深邃，坚守信念，是深受加拿大人喜爱的著名华裔文人。

　　从伍冰志女士任职现象可以看出，华人在加拿大的政治经济地位，在一个多世纪以来发生了翻天覆地的变化。中国人用他们的勤奋和努力建立起自己的形象和地位，使中华文明在加拿大多元文化的土壤中生根、开花、结果。

2. 移加华人地位的变化

相传，魏晋南北朝时期，中国的僧人就曾经在加拿大抵岸，但真正大规模的华人入加则开始于19世纪中期的淘金热。历史上有确切记载的中国人远赴加拿大是在1858年，那时正值弗雷泽河谷（Fraser Valley）淘金的鼎盛时期，欧洲、北美各地的"淘金狂"闻风而动，美国旧金山的一批华人劳工也随之来到加拿大。成千上万的中国沿海贫困农民漂洋过海，也沿旧金山北上到加拿大谋生。到了1860年，加拿大的华人共有7,000人左右。到19世纪七八十年代，加拿大太平洋铁路的修建需要大批劳动力，又有很多中国劳工来到加拿大参加了修筑铁路工程。他们承担了此项工程中最艰难的落基山路段，很多人在施工中受伤或殉职。早期加拿大华人的生活充满辛酸血泪，他们干最苦最累的工作，却不能和其他移民一样同工同酬。他们没有社会地位，只能以帮会、同乡会、唐人街等形式互帮互助。

20世纪初，为了把加拿大变成一个以白人为主体的社会，加拿大政府对中国移民入境采取了歧视、限制性政策，一度使华人在加拿大的人口比例停滞在较低水平。他们不但不能享有政治权利，还被征收苛重的"人头税"。但这种对非英法移民的歧视、限制性政策不得人心，也不利于加拿大的经济发展，到了1967年，加拿大政府取消了此项限制政策。近几十年来，随着加拿大多元文化主义政策的发扬光大，华人受歧视的历史才彻底结束。从此，华人移民日益增多。现在加拿大对中国人友善的态度说明加政府对历史有相当深刻的反省。

1978年中国对外开放，继香港和台湾地区的赴加热后，中国大陆也掀起了一股强劲的出国潮。许多中国人怀着对外界的好奇和对新生活的憧憬，走出国门，踏上异域，来到加拿大留学、探亲等，其中一部分人成为异国的永久居民或公民，成为加拿大多元化社会中一个不可忽视的组成部分。汉语也成为仅次于英语、法语的最通行的语种。如今中国人外迁已经和历史上大不相同。过去的中国移民不享有和当地人同等的待遇；今天的中国人，从登陆加拿大开始，便在基本权利和社会保障上与当地人同等；在将来发展的机会和前景上，也能以主人的身份与之平分秋色。

早年移入加拿大的华人多是劳工及其亲属，他们的文化程度不高，创业之初大多从事餐饮、杂货食品店、洗衣缝衣厂等行业。他们秉承了中国劳动人民刻苦耐劳的优良传统，经过多年的辛勤经营，事业也算小有所成，有一定的家庭积蓄，生活可以算得上是殷实满足。但是由于其受教育程度的限制，他们的发展目标不是很高，事业也倾向于墨守成规，在一定程度上缺乏开拓进取、扩大经营的观念。

移民留学专家导航

在温哥华中医已经被政府认可

　　同时由于受教育程度的限制，在行业选向上，没有能力向高科技或集约化、规模化方向发展。有些民族评价华人的经营方向是"From noodles to needles"（从面条到缝针），描绘了华人经营行业趋向于简单劳动的特征和局限性。早期华人在很大程度上保留了中国文化和生活传统，但很难与加拿大主流社会相融，甚至有些人连英语都不怎么会说。故步自封的意识有时会使自己裹足不前。进入了华人聚居的唐人街，就像走在中国的某一条街道上一样，无论是店铺商品的式样，还是行走往来的人们，无论是汉字写就的广告招牌，还是满耳的闽言粤语，都会给人以未出国门的错觉。

　　近二十年来，加拿大华人所扮演的社会角色发生了很大的变化。在加拿大出生的华裔逐渐长大融入主流社会，基本上脱离了他们父辈或祖父辈的生存环境，所从事的职业也发生了根本的变化，从高科技领域、政府、法律、教育到工农商学兵的各个领域都有他们的身影。而现代新移民的生活方式和择业观念已发生了根本的变化。新移民中，香港移民的主体是商业移民，在加拿大主要是投资、经商。大陆移民的主体前些年是技术移民，最近几年投资移民占了大多数。技术移民有很大比例分布在科技及工程领域，他们主要从事的职业是工程师和研究人员。 投资移民一般

寻求新的发展机会

不找工作，一部分人在经商。他们通过努力工作，在自己的专业领域做出了不凡的成绩，有些人甚至成为世界闻名的科技工作者和杰出人才。

3. 华人移民的中西桥梁作用

20世纪七八十年代以来，随着人类科学、技术、经济突飞猛进的发展，人与人之间的距离，国与国之间的距离一天天地被拉近，全球经济一体化、区域集团化的趋势不断得到加强。现代的世界经济也更是发展成了一个互相依赖，互相促进的整体大市场。中国也选择了同经济全球化相联系而不是相脱离，合作而不是对抗的经济发展模式。特别是2001年，中国加入世界贸易组织，进一步融入世界经济贸易体系，并通过深化改革，不断消除旧体制的障碍，使中国在短短的二十多年里发生了翻天覆地的变化，其发展速度之快令世界刮目相看。以技术移民为主进入加拿大的中国人，主要是一些学有所成的大学生、研究生或技术、研究人员，他们学历高，熟练掌握了自己所学专业的知识和技能，甚至有的已经在研究中取得一定成绩，是该领域的佼佼者。华人移民到加拿大以后，并非就等于完全脱离了自己的祖国；相反，他们在中国与加拿大之间充当了政治、经济、文化交流的桥梁，为加强两国之间的经济交往和信息沟通做出了积极的贡献。

首先，华人移民到加拿大以后，无论是从事科技研究，还是从事商贸工作，他们都能把先进科学技术、经济信息及管理经验以各种形式辐射影响到中国国内。这对于中国正在进行的各项改革和发展起到积极的作用。他们的成果并不会因为他们移居加拿大而仅属于加拿大，一切科学的成果都属于人类智慧的结晶，必将造福于全人类，造福于中国。华人与中国紧密的信息沟通，使国内对国外经济动态的许多方面迅速做出反应，推动加拿大与中国在各个领域更频繁更具规模的贸易往来，增强两国的经济合作。

其次，华人移民可在加拿大政府机构、经济部门、企业供职，有机会在国际、国家事务中为中国争取更多合法利益和商业机会。过去很多年以来，在国际组织内的一些机会，例如联合国援助项目，很少轮到中国。有些国家，例如印度则在这方面比中国得到了更多的实惠。其中的一条原因是，国外的一些掌权的部门和机构中的中国人太少。相反，印度人却占一定的比例，在同等条件下他们首先会考虑到祖国的利益。华人在加拿大乃至各个国家经济、政治地位的提高，对中国发展和对外交流势必带来积极的影响。

移民留学专家导航

第三，大批华人的到来给加拿大带来了不同的文化气息，使加拿大华人具有保持和传承中华文化的规模和能力。华人聚居区内通常都有中文报纸和学校，有的大城市里还开设了中文电台和电视台。很多华人对自己的子女进行正规的中文教育，这在一定程度上传播了中国的文化，使加拿大人对中国有了更亲切、更深入的了解，为促使加拿大人到中国留学、投资、旅游观光和文化交流作了心理上的铺垫。

1989年夏天，加拿大的文明博物馆落成，中国传统文化（包括兵马俑等）和土著印第安文化一起占据了首批展出之位。当时，中国传统文化在加拿大引起了强烈的反响，为时两年的展览吸引了近两百万人，展览结束后，展品又在全国各地巡回展出。加拿大人民由此加深了对中国传统文化的了解。

华人创立的企业

4. 旅加华裔的作用日益突出

越来越多的华人知识分子及商业人士移入加拿大，他们适应能力强，活动空间大，很快融入了主流社会，成为加拿大社会中一股不可低估的政治及经济力量，这种现象在多伦多及温哥华等地尤为突出。华人在加拿大社会中的形象及地位大大改观。

鉴于华人移民在自己的专业和工作领域取得的重大成就及他们对加拿大经济发展与社会进步的积极贡献，1980年，加拿大议会通过决议，对华人进行表彰。20世纪90年代初，加拿大政府又向华人做出公开道歉，承认半个世纪前的排华政策是不对的。加拿大政府还特意立了纪念碑来表彰早期华人的贡献。2006年6月22日在渥太华国会山举行的"人头税"平反仪式上，总理哈珀代表加拿大政府向全体旅加华人正式道歉，承认"人头税"政策带有严重的种族歧视色彩，并宣布将向受害者进行经济赔偿。尽管这一声道歉迟到了一个世纪，但充分体现了华人的社会地位已今非昔比。

自1999年以来，渥太华华人组织曾多次在加拿大国会山会议大厦举行新春庆典。2007年2月12日晚，中国驻加拿大大使卢树民夫妇、加各级政府官员、议员、华侨华人代表和社会名流约400人参加了庆典，其中仅联邦议员就有近30名参加。保守

第11章 寻求新的发展机会

党议员特威德代表政府和哈珀总理,华裔自由党议员陈卓愉代表反对党领袖迪翁出席。在这个国家的权力中心迎接中国传统节日"春节"的到来,对于华人来讲,有着特别的意义。

近半个世纪以来,华人的社会地位和政治地位日渐升高,参政议政的华人越来越多。20世纪50年代到70年代,曾有两位华人当选为加拿大议会议员。1987年多伦多华人黄景培先生当选为安大略省议员,后又出任该省能源部部长;1988年温哥华华人林恩齐先生曾被联邦政府委以不列颠哥伦比亚省长的重任。进入21世纪,2006年加拿大第39届联邦大选,至少5名华人成功当选联邦议员,创造了加拿大华人在政坛参选、当选的新纪录。其中来自中国香港的移民陈卓愉,曾先后担任亚太事务部长和多元文化部长,本次大选他已是第四次当选国会议员。继1999年伍冰志女士荣膺总督之职以后,2006年,年仅34岁的华裔庄文浩又进入内阁,成为最年轻的内阁成员,并升任加拿大枢密院院长(枢密院是国家元首的顾问机构),同时任政府间关系部部长和体育部长。2011年5月的加拿大联邦大选全国更是有多达23名华人候选人参选,并有多达9人当选国会议员,再创历史新高。其中来自中国香港的黄陈小平成功进入联邦政府内阁,成为本届政府唯一的华人部长。这些变化确实具有划时代的意义,反映出加拿大社会的多元性和包容性,显示出这个国家已经成熟。同时也体现出华人在加拿大社会生活中所处的地位越来越高,所扮演的角色越来越重要。

近年来,投资移民数量慢慢超过了技术移民。中国的投资移民,登陆后即购置新房。在温哥华,到处都能够看到华人的身影。有些地方,如Richmond区,华人已经占据了40%以上。虽然温哥华的房子在加拿大算是最贵的,但在中国投资移民的眼里,还是非常便宜的(与北京、上海相比)。所以,华人购房是比较踊跃的。这样,无形中抬高了房价。

二 求职 —— 寻找工作和发展机会

当你一切移民手续办妥,终于踏上了心仪已久的加拿大,展现在你眼前的是崭新的生活。俗话说:好的开始是成功的一半。因此对于一位新移民来说(尤指技术移民),入境之后最重要的莫过于找到一份合适的工作和开创自己的事业了。而投

移民留学专家导航

资移民也可以开始了解社会，寻找新的发展的机遇了。

加拿大是一个职业自由的国度，你可以根据自己的能力、兴趣选择职业。加拿大公民和永久居民可以在任何地方求职，其他人（如外国学生或旅游者）则必须从加拿大当地的人力资源中心获取就业许可证（Employment Authorization，俗称Work Permit，或工卡），才能工作，否则将被视为非法就业，面临解送出境的危险。

求职之前，你应对加拿大劳务市场做充分的了解，以便铺平自己的求职之路。可以从多种渠道了解就业信息。

1. 报纸和杂志的分类广告及网络求职

一些有影响力的报纸和杂志刊登有招聘信息广告，在雇佣栏（Employment）按类列出许多招聘职业名称，专业性较强的工作和某些临时工作均可在此栏找到。目前各类招聘信息网络也非常多。应聘者可根据要求递上求职信（Cover Letter）、简历（Resume / CV）、推荐信（Reference Letter）等。递出1～2周后，可向对方询问是否见到简历并询问是否有面试（Interview）的机会。一般如果有面试，对方会致信正式邀请并用电话确认。如果没有被选中，对方则不回音或只给一封简单客气的复信。

2. 政府部门服务和专业职业介绍所

在加拿大的每个中等以上城市都至少有一家加拿大服务中心（Service Canada Centre，隶属于HRSDC），提供免费的求职、就业信息。还有很多政府资助的服务机构，如中侨互助会（S.U.C.C.E.S.S.）、中信中心（MOSAIC）等，为新移民提供免费的就业指导和职业规划。

职业介绍所遍布加拿大城乡。绝大多数职介所不向找工作的人收费，而是向雇主收费。但雇主会将这笔开支从你第一年的工资中按一定比例扣除。有些公司对申请人的服务是要收费的，服务费应在找到工作以后再交，否则是不合理的。

通过朋友、熟人介绍推荐也是很有效的办法。这样做有可能会帮助你找到一份雇主从未在任何地方刊登过招聘广告的工作。

第11章
寻求新的发展机会

3. 还可以考虑到美国寻找更多的就业机会

加拿大与美国之间拥有世界上最长的不设防边界，两国公民不需要签证便可以自由来往。如果从温哥华去美国，开车只要30多分钟，就到达美加边境称之为"和平拱门"的边境公园，公园两端的出入口，就是美加两国的国门。

在北美自由贸易协定的规定下，加拿大公民去美国工作非常方便。加拿大永久居民，固然没有公民的那种特权，但是，只要你持有加拿大绿卡，去美国工作、学习和定居，虽然仍需要申请手续，但会容易很多。

事实上，很多持有加拿大绿卡的人在美国工作，并享有在其他国家根本不可能具备的优势：

🍁不用担心签证或身份问题，如果你是加国永久居民的话，居住一定时期后便可申请到自由出入美国的10年有效签证，出入边境不用盖章记录，因此一旦有适合的工作，你可随时过去面谈，在美国也不存在非法逾期不离境的问题。

🍁对于专业人员来讲，美国的工作机会相对更多。因此，持加拿大绿卡，也就为你提供了包括美国在内的就业机会。从这点来看，移民加拿大比去新西兰和澳大利亚具有更大的优越性。

🍁加拿大的很多系统与美国接轨，如语言、通讯、商业及就业等，不存在适应问题，这为你找工作、购房等带来了极大的方便。

4. 对新移民求职的调查和问题分析

根据北京加中寰球投资咨询有限公司对本公司客户多年的追踪调查，中国移民在加拿大找工作有以下一些规律：一部分移民在刚刚抵加时做些非技术性的工作，这样的工作比较容易找到，但是要想找到一份收入较高的专业工作相对难些。超过30%的人能在3个月内

安大略省议会厅

移民留学专家导航

北京同仁堂早已在加拿大落地生根

找到一份专业工作,最短的只用了1周时间,还有的人在来加之前已联系好工作;约60%的人能在半年内找到专业工作;约85%的人能在10个月内找到专业工作,其中包括一些改行的人,如原来以工程师申请的技术移民转行做销售。其余的人,一部分去读书深造(一般能拿到奖学金),一部分自己开创事业,有极少一部分人仍在打工。据我们分析,找不到专业工作的人大多属于以下几种情况:

🍁语言有问题。语言过关是移民顺利找到工作的关键之一,如果感到语言不过关,可以在本城市注册一期免费的语言班,你的登陆权费包括此项政府服务。

🍁知识老化。尤其在高科技领域和IT领域,知识更新非常快。一旦知识落伍,就面临着被淘汰的危险。解决的办法是,尽快联系一个相关的进修或补习班,更新自己的知识。不见得一定要高学位,只要能更新知识即可。或者申请一个与本专业有关的"助手"工作,不要计较工资,先进入本领域,逐步完成"三级跳"。

🍁进取精神差。有些人从来没有经历过竞争。再加上性格内向,不善于与人交往,故使自己以守株待兔或浅尝辄止的态度来面对人生。工作不会自己找上门来,欲克服这个缺点,必须强化自己的进取精神,锻炼与人交往的能力。

🍁来加拿大前没有充分的策划和思想准备。加拿大虽然有很多优越条件,但对

第11章
寻求新的发展机会

于一个初来乍到，刚进入一个完全陌生环境的人来说，一切都要从零开始。如果在加之前多了解加拿大，从坏处着想，往好处努力，反而会少走弯路。

全新的开始，给每个人的机会都是均等的。有的人抵加后一路顺风，如鱼得水；有的人常常磕磕绊绊，生活捉襟见肘。即使同样在加拿大居住，不同的人对这个国家的感受也是完全不同的。有的人抵加后立即有一份高薪工作，一两年后年收入已经超过10万加元；也有个别人由于语言不过关，几次雇主面试均没通过，目前还在挣每小时低于10加元的"最低工资"，但总的来讲，中国人移民加拿大后的工作前景还是乐观的。有些人把加拿大的中国移民的境地说得很惨很灰暗是极不确切的。如果真是这样，加拿大政府每年花大力气吸收技术移民，结果岂不是为自己招来一支给社会造成沉重负担的队伍？这绝不是加拿大吸收移民的目的。在加拿大求职或创业不顺的人，应多从自身找原因。只要积极乐观、坚持不懈，面对挫折与失败决不气馁，再大的困难也会迎刃而解。要记住：积极进取必能获得最后的成功，加国的天空总有一天会向你放出异彩。

5. 加拿大技术移民就业协助项目

加拿大技术移民就业协助项目是一个由加拿大政府资助、加拿大社区学院协会进行管理的项目，2006年开始具体实施。该项目旨在帮助通过"联邦技术移民项目"移民加拿大的人士，当他们仍在原籍国并处于移民申请的最后阶段时，协助他们为融入加拿大劳务市场作必要的准备。

符合条件的申请者在其移民申请的最后阶段将获得本项目的相关信息以及加拿大移民部提供的一份注册表。参加此项目完全是自愿的。这不会对移民过程有任何的影响。希望参加这一项目的人士需要填妥注册表并将其递交原籍国的项目办公室。登记成功之后，项目办公室工作人员会与申请者取得联系。

此项目将建立这样一种模式，即帮助新技术移民在其原籍国制订有效的准备方案，从而使其更成功地融入加拿大劳务市场。参加本项目之后，技术移民将能够：

🍁对他们将要面临的机遇和挑战有更现实的认识。
🍁面对众多选择，能够更好地利用信息做出决定。
🍁对进入劳动力市场有了更好的准备。

三 经商——注册自己的公司

必须指出的是，在加拿大走经商之路是许多中国技术移民都尝试过的，但只有少数人获得了成功。投资移民由于有商业经验，加上资金的支持，更容易成功地开辟自己的领地。如果香港和内陆的华人相比，港人在加经商的成功几率更大。这一方面是由于经验和资金，另一方面与他们熟悉国际商务惯例和西方文化有关。

在加拿大华人商界，香港移民的表现非常优秀，香港富豪李嘉诚、李兆基、郑裕彤、郭炳湘兄弟等著名企业家都在加拿大大量投资房地产；香港罗氏家族、邵氏集团、顺成集团、星岛公司都涉足加拿大房地产业。华商精英在IT业的表现也十分出色，由何国源先生创建的ATI公司所生产的计算机图像芯片产量占世界市场份额的45%，公司总市值达35亿美圆。

在加拿大经商成功的人不少，经商失败的同样也不少。经商不成功究竟是什么原因呢？

一般而言，主要存在以下几方面的问题：

🍁缺乏对加拿大市场的理解和调查。要知道，加拿大的市场需求与中国的市场需求既有共同点，又有很大区别。不同的文化和习惯会体现在产品需求、设计、质量要求等各个方面。把在中国经商的一整套东西照搬过来是很危险的。有人从国内采购了很多廉价商品，但在这里，无论销售价格多么低，也无人问津。以牺牲质量为代价的"低价政策"往往不奏效。在以前的很长时间内，"中国制造"（Made in China）在当地人的心目中是"劣质商品"的代名词。最近些年，"中国制造"逐渐被人接受，并且声誉在逐步提高。当然，"贴牌"产品受的影响比较小，可是，大头的利润却被北美的品牌厂家赚走。所以，产品的质量和设计等都需要重新构思和认识。

🍁贪大求洋，超出了自己的能力，即使项目有可行性也会失败。尤其是有些初出茅庐的经商者，有一股很大的热情，但缺乏根基。小生意不想做，只想做大事，赚大钱。对将来的业务前景勾画的太大，在运作中出现意想不到的麻烦，涌现出来的问题太多，超出了自己的控制能力。即使在大陆已经成功的商人，如果对这边的情况不甚了解，刚来时一定要谨慎，一开始就搞大的资金投入，大规模，大项目，风险也会很大。

Immigration

第11章
寻求新的发展机会

🍁没有考虑加拿大多元化的背景。加拿大整体市场是由一个个族裔的区隔市场组成的，如何获得尽可能多的族裔市场、适合更多民族的需求、各种族裔员工的雇佣与管理都是要面对的课题。这比中国国内的经营环境更为复杂。因为在经营过程中，不但要掌握经营之道，还要避免文化冲突。如果把自己局限在华人的圈子内，创业的路就会越走越窄。

🍁缺乏对有关法律及商业运行惯例的了解。加拿大是法制比较健全的国家，在商业方面也有很多详细的规定。而这些规定有些与中国不同或在中国没有。如果对这些规定缺乏了解，有时忙碌了半天，结果只是泡影。例如，由于对进口的限制不熟悉，导致货物不能及时通关甚至使交货期延误而遭到对方起诉赔偿等。有些初进商界的人因不了解商业规范和惯例而觉得经商之路困难重重。例如，当你向加拿大某生产厂家，询价或订货时，有些厂家竟然不想把货物直接卖给用户，而偏要令人费解地要你去找某个中间商去谈。实际上很多生产厂家都不做经销，而是将经销权按地区承包给了独家代理，生产商按规定是不能把自己的商品卖给其他人的。在这种情况下，和厂商的买卖是做不成的。这些和在国内时都有所不同。

雪雁

移民留学专家导航

温哥华码头

总之，如果计划在加拿大创业经营，就应该学习和熟悉加拿大经商文化和环境、商业惯例、有关法律（加拿大公司法、受雇标准、劳工法、环保法规和人权法），以及公司管理的一般方式，这些与中国的商业经营不尽相同，中国的企业家要想在加拿大也获得成功，必须要有从头开始、第二次创业的精神和物质准备。

1. 华人在加拿大经常从事的商业领域

服务业是加拿大华人最早涉及的商业领域之一，包括餐饮业、旅店业、电影院、洗衣店、车辆保养维修等。餐饮业的技术和管理相对容易，启动资金可多可少，再加上中餐博得了世界上众多民众的喜爱，开办中餐馆也就成了很多华人经商的首选。近20年来，随着加拿大旅游业的蓬勃发展，中餐馆越开越多。华人人口的增加和中餐的兴旺，带动了华人开办食品加工厂的热情，华人开办的食品加工业一直都在稳步发展。随着华人移民的资金能力和经营管理能力的提高，华人甚至开办了保险经纪行、银行等企业。

贸易与商品零售业也是华人较早涉及的商业领域。从满足华人及亚裔居民的生活需要出发，华人开办了从日杂店、书店到贸易行、超级市场的一系列企业。逐渐地，华人拥有的大型商业公司屡见不鲜。国际贸易更是熟悉加中两国情况的移民的

寻求新的发展机会

强项，在现有的华人商业人士中，约30%左右从事加（美）中贸易。

房地产业是近十几年华人投资额最大的行业。由于新移民的大量涌入，加拿大房地产业蒸蒸日上。某些华人大财团介入了加拿大的石油化工业，收购了一些大石油公司的部分股权；也有华人经营着小型化学品制造厂。

加拿大华人的文化需求推动了华人经营的文化传播业的迅猛发展。现在，加拿大的华文报刊已有几十家，这也带动了华人印刷业的发展。近年来，香港财团进军广播电视领域，其拥有的广播电视传媒集团现在已覆盖全加拿大，广受华人的欢迎。

在此，朋友们不禁要问，为什么生产制造业不是华人在加拿大创业的主流？其实，这个答案大家应该心知肚明。众所周知，自中国改革开放以来，由于中国的劳动力成本低，中国成了世界工厂。很多外国厂商纷纷迁厂至中国（或其他发展中国家／地区）。来自中国的移民更没有理由在加拿大发展制造业。换句话说，他们的进出口生意其实包含了生产、销售的一条龙服务，生产环节多安排在中国。

有人认为在这片土地上经商谋生并非易事。但事实上，也有不少华人在加拿大经商屡获成功，甚至在主流社会引起轰动。通过以下几个实例，可对华人在加创业的境况窥见一斑。我们这里不说李嘉诚公子李泽钜购股枫叶航空公司和大规模圈地，雄霸温哥华地产市场的伟业（李泽钜早期便移民到了加拿大），也不说经营了几代，已经有殷实家底的老华商。这里举的例子都是近些年新移民发展的例子，其中大多数是既没有经商历史，也没有财政后盾的"白手起家"的创业者。

（1）知难而进的马开廉

荣获创业精神奖的马开廉现任加拿大华洪食品有限公司董事长。留学期间，他先后当过建筑工、装卸工，在餐馆端过盘子，始终坚信人生没有爬不了的坡，迈不过去的坎儿。

十几年前，马开廉审时度势，购买了华洪食品有限公司，他在产品品质、品种以及行销方面下工夫，使品牌市场占有率迅速提高。如今，在加拿大众多华人超市以及当地主流市场都可见到华洪食品的踪影。正如马开廉本人的成长一样，他的华洪食品公司也在快速稳步增长。

马开廉常比喻说，经商和科研一样，准备工作愈充分、愈仔细，成功的可能性就愈大。他的座右铭是：世界上很少有轻易做成的事，而轻易做成的事是持久不了的。

（2）女企业家徐芳玲

徐芳玲来自中国台湾，来加拿大后曾就读于温哥华学院会计专业。1990年，她从一名普通的地产经纪人，一跃成为BC省最大的麦克唐纳房地产公司的总裁。

作为一个女企业家，徐芳玲凭借出色的管理能力和谦虚的工作作风，成功地使公司年销售额达到近30亿加元（约200亿人民币），年收入超过4,400多万加元（约3亿多人民币）。

徐芳玲曾荣获不列颠哥伦比亚省杰出企业家奖，并于两度入选加拿大百名最佳女企业家称号，分别名列第11位和第8位。

（3）弘扬国粹的董国庆

董国庆于1999年移民加拿大后，在多伦多西区与人合作开办中医诊所，一改主要立足于华人社区的传统，将中医服务推广到了意大利人社区，引起主流社会的普遍赞誉。

董国庆的诊所在当地享有极高的知名度，每天前来求医问药的患者络绎不绝。董国庆还用意大利语主持健康讲座，并受移民部门及有关方面邀请，在二十多所大中小学进行演讲，宣传中医知识。2005年，他获得意大利社区颁发的"社会贡献奖"。

（4）挑战自我的蒋志成

荣获新生意奖的蒋志成从加拿大温莎大学MBA金融专业毕业后，曾任福特汽车公司品质控制分析师、多伦多一家医院的金融分析师。2005年，他放弃待遇优厚的"金饭碗"，组建皇后理财集团，为华人社区提供全方位、一站式的金融服务。

2006年，皇后理财集团成功通过安大略省证监会及加拿大互惠基金经销商协会的认证，获得加拿大基金经销商资格。这是由中国大陆移民创办的金融公司首次获此殊荣。

虽然创业时间不长，基金已经有了稳定的客源和收入。

（5）成功"改行"的庞海福

加拿大财富地产投资与开发公司总裁、环球地产集团合伙人庞海福是个典型的儒商。他自清华大学毕业后，曾获得法国法兰西物理学博士学位。他还参与了欧共体快中子反应堆研究，是参与该项目的唯一华裔核物理学家。移民加拿大后，庞海福开始涉足房地产领域，并创办集团公司，短短3年内就实现了盈利，公司效益不断提高，探索出一条由学者向企业家转型的成功之路。

第11章
寻求新的发展机会

值得指出的是，他经商创业的成功，和他以前的物理学背景没有直接关系。而是和他的综合素质分不开的。在房地产领域，他也曾经是外行。换言之，是他敏锐的商业眼光和坚持不懈的努力和追求使他获得成功。

他还热心公益事业，所创办的财富地产俱乐部坚持义务传授地产投资理念和相关知识，目前已培训会员超过2,000多人。

（6）打入主流的胡性刚

荣获国际经贸奖的胡性刚集产品设计、制造、进出口、销售、服务一条龙，创立了加拿大唯一的全自主品牌家用产品——旋风牌抽油烟机，不仅占有三分之一的华人市场，也成功打入多伦多、温哥华和蒙特利尔等地的主流连锁商店。

胡性刚和太太张彩华移民加拿大，白手起家，经过打拼积累，于1991年成功创建旋风牌油烟机公司。次年，胡性刚在中国开办工厂，致力于中加贸易往来。2006年，他又把市场扩大到美国，在美国设立了销售点。

（7）锐意进取的肖成振

在全加160间马自达车行中，华人代理不超过5家。肖成振在安大略省万锦市开办马自达车行，大多伦多地区更是仅此一家。他于20世纪80年代来到加拿大。从普

温哥华华人开办的企业

移民留学专家导航

通汽车销售员开始,直到拥有自己的车行。2003年,他作为唯一的亚裔学员,赴美参加世界汽车代理协会举办的高级研修班,学习令他如虎添翼。肖成振比喻说,做生意就像骑自行车,努力保持平衡,一路不断向前。

(8)屡战屡败,屡败屡战,最终获得成功的李贵先

他来自中国福建,研究生学历,多伦多大学硕士,加拿大高级工程师,辞了年薪10万的工作,执意改行在异国经商创业。曾回国开办化工厂没有成功,又在多伦多经营"华隆超市"险些倒闭。后经艰苦卓绝的摸爬滚打,终于在竞争激烈的商场中站稳脚跟。李先生目前是多伦多三个华盛超市的老板,并在New Market拥有200多亩农场。

2000年是李贵先创业史上的一个具有历史意义的年份。在这一年,他已经东山再起,厚积薄发,建立了自己的第一家超市。从此生意越来越火。2005年9月,家住万锦或士嘉堡市的人们惊喜地发现,在Denison & Kennedy附近又出现了一家干净、漂亮、品种齐全、价格又便宜的超大型中国超市。这个有6,000多平方米面积的北美最大的独立超市就是李贵先做的第三家华盛超市。从第一、第二家华盛到第三家,李贵先用了整整5年时间。他说这是为了"让自己真正具有竞争力,聚合所有优势,握紧拳头,再打出去"。现在,又有几家超市正在筹建中。

华盛在中国有4个采购点,每周都有三五个货柜在海上漂。除中国外,华盛还从泰国、越南、印尼、美国、中美洲以及南美进货。

如果你去华盛超市购物,在你身边拖地、上货的工人可能就是李贵先。10年来,他经常和员工一起工作、一起吃饭。他几乎做过超市所有的工种。满是老茧的双手曾让当时的女朋友吓了一跳。

从学者、工程师到超市老板、农场老板;从做工厂的惨痛经历,到初做超市时的四面楚歌,再到世纪之交的东山再起,李贵先经历了人生的重大转折。种种考验证明了他的素质、能力、信心、眼光、胆识、意志,以及他摸索出的一套超市经营管理模式。李贵先的耕耘在今日获得了回报。面对如潮的盛誉和赞扬,李贵先只是简单地说"很多人都可以做到,只是碰到的人是我"。

(9)靠专业知识,又靠跨国际资本运作成功的冯锐博士

冯锐博士是集中了专业性、商业性、跨地域性以及多层次运作于一身的立体式发展的杰出企业家。

1982年毕业于武汉地质学院(中国地质大学),1985年在长春地质学院获得硕士

学位后，来到北京，在中国地质科学院攻读博士，1988年中途退学，到加拿大萨斯喀彻温省，攻读博士，主修地质找矿。1992年博士毕业后，到蒙特利尔大学从事博士后研究、1993年供职于加拿大地调局于卡尔加利的石油研究所。

1994年底，到温哥华创业，与他人合伙成立矿业公司，用5分钱一股的价位，买下一个"垃圾公司"，借壳上市。并通过多伦多证券交易所的风险版进行融资。 1995年以来，冯锐在中国开发建设多个有色金属矿，近年又在美国开展金矿开采项目。

2004年，组建希尔威金属矿业有限公司（Silvercorp Metals Inc.），冯锐博士任公司主席及首席执行官。2005年10月，成为多伦多证交所主版挂牌的公司。现在，希尔威金属矿业有限公司的市值已达到15亿美圆。

2007年10月31日被《温哥华太阳报》列为卑诗省发展最快的上市公司的第二名。

（10）冯锐自己总结的几点经验

🍁在加拿大创业，融入主流社会很重要，你需要了解当地人是怎样看问题，做事情的。

🍁做企业要有韧性，持之以恒地做。在做企业的过程中，不能因失败或挫折而放弃。

🍁走专业道路，靠专业知识。找那些地质条件较好，但目前还没有看出有矿苗的地区，这样的地区风险大，潜力更大。

🍁加拿大的证券交易市场对创业有很大帮助。原来的温哥华证券交易所，现在合并到多伦多证券交易所的风险版，可以用来融资。很小的想法都可以上市，融25万加币也可以上市。

冯锐并不是富家子弟，是靠自己的专业性，是利用中国的经济架构及西方资本市场的衔接而白手起家的。 他的经验值得很多投资移民学习。

还有一些新移民企业家，由于不愿意公开自己的姓名和所从事的领域，故本书不能披露有关具体的细节信息，但其奋斗经历却可以借鉴：

北京的技术移民周先生，2003年赴加拿大。经过一两年的熟悉社会、调查和摸索，开始从事某新型行业的工业组件、设备和零件的进出口业务，客户主要在加、美及欧洲。至2007年，年销售额达到300多万欧元，毛利润在40%以上。虽然业务还属于"起步期"，公司也仍旧仅有3人，但对于一个两手空空来到这里的新移民来

移民留学专家导航

<!-- photo -->

多伦多某警察局只有中文标志,而没有英文!

说,其业务量及收益已经相当可观了。从发展势头来看,他的业务前景真是繁花似锦。周先生的成功,取决于他对市场变化的敏锐观察和前瞻性理解,也取决于他巧妙的推销方式。所以,他能够获得丰厚的利润。

投资移民魏先生,在出国前专门从事中国的进口贸易。移民到了加拿大以后,面对如此的资源出口大国,可谓如鱼得水,如虎添翼。加之他以前的丰富经验、客户资源,以及雄厚的资金,他的路走得比较稳,业务逐年上升,战绩辉煌。但应该指出的是,国际贸易并不是一件很容易做的事,很多技术移民来的人或者毕业后留下来的人都尝试过此道,但多数人都偃旗息鼓了。除了专业经验和经济实力以外,对市场的洞察力,以及巧妙的构思都是至关重要的。魏先生现在给加拿大和美国的某些公司作中国大陆的代理商,同时大批量地向中国进口加拿大的资源性商品。魏先生来加后并没有立即投入业务,而是用了相当长的一段时间作"功课"。他首先笼络人脉,包括加入当地有关的行业协会,把许多事情先理顺,一旦开始拉开战幕,则所向披靡。

2. 在加拿大注册公司

在加拿大注册公司手续很简单,首先要和当地的公司注册局(Registrar of Companies)或企业服务中心(Business Service Centre)取得联系,登记注册(独资、合伙企业无须向省政府登记),手续费为几百加元,如找律师代办,需500～1,500加元的服务费。一般而论,设立公司没有注册资金的要求。这样,给很多有能力、有头脑但没有钱的人一个平等竞争的机会。

公司每年要向省政府交报告,确认公司地址、股东、董事等有无改变。加拿大的公司类型大致与中国相同,主要有个人独资、合伙企业、有限责任公司、股份有限公司。经营者要根据每类企业的特点和自己的情况选择合适的形式。一般情况,人们往往采用独资或合伙的方式经营一些规模较小的企业,如零售商店、餐馆等;而要经营贸易、制造业、科技产业等,可选择有限责任公司或股份有限公司制。如果是后两类,可选择在省政府或者联邦政府注册。联邦政府注册的好处是,如果企业的经营范围超出了省界,不用再到其他省注册。如果业务范围仅限于本省,可以在省政府注册。另外,在企业开办之初,可能会有一些亏损。公司亏损可在7年内抵减利润,而独资公司则可当年抵减个人所得税。

以上几种不同公司的注册手续和繁简程度也是不一样的。无论登记哪种类型的公司,首先要使公司名称获得批准。根据商标法,注册商标比公司名称更受到法律保护。例如,别人用你注册过的公司名称注册了商标,这样做是不违法的。很可能后者的注册商标会严重影响了公司名称的使用。为了防止这种局面出现,在注册公司名称的同时应把它作为商标加以注册。这样,你的公司名称才真正受到了保护。公司的徽标(logo)也有同样的问题,只有经过商标注册才受到保护。接下来均需办

移民留学专家导航

理开业手续，其程序大致如下：

（1）申办营业执照

无论你是否设立有限责任公司，只要营业，尤其是在企业所在地有售货或提供服务并收费的情况下，应向当地政府申请一张营业执照。值得注意的是：公司登记证书由省政府（或联邦政府）发出，长期有效；营业执照由市政府发出，每年更换一次；如果公司经营多个性质不同的项目时，发照部门可能会要求你申请不止一份营业执照。但并不是所有的公司都需要营业执照。在注册公司时，应该问清楚，你的业务是否需要申请营业执照。另外，发照部门对企业经营场所有一些要求，如：零售店、餐厅必须在划定的零售业区域内；制造业要在工业区域内。

（2）银行开户

企业设立后马上在银行开立一个企业账户；个人独资企业也要单独设立账号，不要与个人账号混用。银行的月结单及回笼支票是记账的重要凭证，税务局查账时会查看。

（3）确立会计年度、记账及凭证制度

会计年度不一定按日历年度，也不一定和税务年度一致，可以自己选择一个适合自己的会计年度，如6月1号至5月31号。这样规定的制度可以使每个公司报账常年轮换排队，避免每年政府的审查赶上"高峰期"。考虑会计年度要结合公司营业的季节性，最好在淡季结账及报税。独资及合伙企业因按个人所得税交纳，会计年度为日历年。

会计制度、账册种类、发票格式、登记凭证方法可以由企业自由选择。加拿大的公司没有由税务局颁发的统一发票。发票可以从商店直接购买。

另外，根据企业性质、产品及销售渠道不同还要办理如下手续：

🍁注册联邦商品服务税号码（GST）：商品及服务税（GST），形式上是消费税，但本质上相当于中国的增值税，但缴纳的形式不同。除了基础生活必需品（食品原料等）之外，许多物品在购买环节时需要缴纳本税。如果企业一年营业额在30,000加元以下，可以不注册税号，否则每次销售或收取服务费就要加7％的GST，不过注了GST号码后，企业进货、租房所付出的GST可以退回。

🍁申请省销售税（PST）号码：与GST类似，加拿大各省有不同税率的省销售税，有的省不征此税。征收的税率从5％～8％不等。无论企业营业额多寡，公司须申请PST号码，出售物品时向客户征收PST。

🍁注册雇主薪资扣缴（RP）号码：这个号码的作用类似于中国的个人所得税代扣代缴，以及保险金的代缴。用于扣缴雇员个人所得税、养老保险金、就业保险金等；次年2月底之前填妥员工的薪资扣缴凭单表，交税务局并交员工以供其个人报税。

🍁注册进出口号码（RM）。在加拿大，一般的公司都可以有进出口权。但有进出口业务的公司，还需要注册进出口号。除了国家限制的商品（文物、有配额的物品等）或有特殊要求的商品（如检测报告、检疫报告、许可证等）以外，你可以自由地进出口任何货物。

🍁企业如果要经营进出口贸易，还必须注册海关的进出口报关号码，以方便报关。

🍁申请劳动赔偿局号码（WCB）。企业如果有雇用员工支薪的情况，则须申请WCB号码，并按核定的费率缴纳保费。当雇员在工作中有伤病发生时，可以向劳工赔偿局申请因伤病而损失的工资或报酬的赔偿。

办完上述手续，企业的相关手续都完备了，可以开业了。

这里要注意的是，公司登记后并不意味着一定要经营，而不经营的公司也依然能够合法存在。

3. 进出口业务须知

华商中有很大比例的人从事进出口贸易。要从事加中贸易，首先要了解加拿大与进出口有关的政策。

加拿大对不同的国家采用不同的关税税率。进口商必须提供商品的产地证明，商品产地属于哪个国家，产品进入加拿大时就会享受与之相对应的关税待遇。加拿大对自由贸易伙伴国家，如美国、以色列实行极其优惠的关税政策。而对于一些发展中国家（包括中国）也给予普惠制待遇。想确切了解哪种产品需交多少关税，可以与加拿大税务局（Canada Customs and Revenue Agency）的海关部门联系。根据进口的具体货物名称、价值和产地，海关人员就可以告之评估方法、关税类别和关税待遇。当然，也可以查阅关税手册，但手册的内容可能跟不上实时情况。

作为世界贸易组织的成员，加拿大的贸易管理体制是较为自由和透明的。有一些进出口管制措施，比如纺织品进口设置配额、反倾销和反补贴，对动植物产品和食品进口检验较严，对其他商品没有更多的限制。但商品必须在质量、标准等方面

第11章
寻求新的发展机会

符合加政府的规定。

加拿大对部分进出口商品实行许可证控制。许可证控制有出口控制清单、进口控制清单和地区控制清单三种形式。进出口许可证由外交贸易部所属的进出口许可证管委会负责发放。加拿大限制出口的商品有军品、原料与半成品、原木木材产品等，按规定，出口商需要向许可证管理局出口处申请出口许可证。从申请到拿到许可证通常最多需要30天。该证的有效期一般为1～2年。到期后可以延长。限制进口的产品共有61种，主要包括服装、鞋类、其他纺织品、棉纱、农产品、肉类和军品等。需要进口许可的产品包括：动物产品（鸡、蛋等）、奶制品、纺织品、服装、受保护的动物、药物等。如需进口这些产品应事先与农业部、外交部或卫生部等联系。

知己知彼，百战不殆。熟悉加中两国的市场需求是从事加中贸易的重要环节。

加拿大是个贸易大国，对外贸易产值占其GDP的60%以上，再加上加拿大人均生活水平较高，进出口货物的种类和品种极其繁多。近年来，中国从加拿大进口的商品主要有小麦、大麦、动物内脏（当地人不吃）、西洋参、硫黄、石棉、铜矿砂、石油、化工原料等。加拿大从中国进口的商品主要有冻虾、核桃仁、花生、其他果仁、中草药、蘑菇罐头、化工原料、矿产品、医药用品、箱包类、皮革服装、手套、地毯、布匹、伞类、鞋类、床上用品、草编制品、藤器、陶瓷产品、玻璃制品、塑料制品、不锈钢制品、家具、运动器材、机电产品等。当然，其他商品也可能在某个时期成为热门货，这就需要你注意市场行情了。

要让中国商品成功进入加拿大，需要注意如下几个方面：

- 做好市场调研，把握加拿大人的消费趋势，按照加拿大人的需要进口中国商品。
- 商品命名要易读、易记，符合加拿大人的习惯，并要考虑加拿大的文化背景。
- 树立良好的商品形象，注意商品包装，进行合适的广告宣传。
- 防止产品机密外泄，最好先与对方签订保密协议或申请加拿大专利保护。
- 留心法律问题，如合同细节、关税细则与广告限制等。
- 找熟知情况、信誉好、经验丰富的代理商。
- 商品要符合加拿大的相关标准和要求，如产品卫生安全标准。
- 商品质量可靠，价格适中。

4. 两个特殊问题

（1）购买企业

购买企业是创办企业的一种简单办法，方式可选择购买企业的资产或购买企业的股份。如果公司的股份是合格的小型企业股份，卖方可享受50万元的资本利得免税额，因而出价会低于仅购买资产。

不过在购买企业时应对企业进行充分了解，以规避风险。在购买之前，应该作独立的调查（即在对方不察觉的条件下进行调查）。另外，如美容美发店、餐馆、小商业等可能会因投资人的改变而失去原有的顾客。

（2）号码公司

这是一种特殊的公司，中国没有。号码公司以其在省政府或联邦政府登记证的号码为公司字号，如1234567ltd.，登记这种公司无须查名，可节省一些费用，而且号码公司在经营上也有特点。号码公司可以设立不同名称不同经营内容的多个独资企业，分别开业经营，由号码公司承担独资企业的无限责任。如1234567ltd.可以开设ABC餐厅、EF商店、MN技术无限公司，等等。

加拿大是个信誉社会，也是个法制社会。在加拿大经营企业，一定要诚实守信，才能赢得客户和银行的信赖，使事业走向成功；一定要遵纪守法，企业才能稳步发展。

第12章 加拿大的教育

加拿大联邦政府和各省政府都非常重视教育事业。各级政府承担教育的费用支出，但具体的教育管理是省政府和地方政府的职责，所以联邦政府没有教育部这一级别的管理全国性教育的机构。联邦政府只对一些特殊性教育负责，如军事院校等。此外，还负责一些资助性的活动以支持地方教育。总的来说，加拿大的10个省及3个地区都有其各自的教育管理机构和制度。在经济比较发达的省份，其教育体系大同小异。

一 中小学教育

加拿大公立学校普遍实行中小学免费的义务教育（从5岁的学前班开始），从小学到高中一般共12年。各省的教育体制不尽一致，一般以六、三、三为制。学生毕业时可拿到中学荣誉毕业文凭（Secondary School Honor Graduation Diploma）。有此文凭能优先进入大学。加拿大中学大体分为两类：为了升大学的普通中学和工商业中学。工商业中学类似于中国的职业高中，必修课较少，根据学生特长及培养目标开设了很多专业课程，学生在工商业中学毕业后如果选择不上大学可以直接参加工作，这样的课程设置能提高他们的工作竞争力。

移民留学专家导航

高中的校篮球队训练

在加拿大，中小学一般分为公立学校、私立学校及教会学校三类。加拿大青少年均有权免费享受公立学校的教育。而私立学校都有特定的教育目的和教学计划，入学须缴纳一定的学费，有时也可申请减免。教会学校过去是十年级以前免费，现在不少省的教会学校也全免学费了。

高中毕业后，不需要参加统一的大学入学考试，便可直接攻读大学课程。各个大学通过考核申请人历年的中学成绩决定是否录取。魁北克省略有不同，它规定学生高二年级毕业后，转入该省的普通和职业教育学院（CEGEP），读1~2年的预科，此后才能升入大学。

多数加拿大人认为加拿大的教育是前松后紧，小学时学得比较轻松，进入中学后作业开始逐渐增多，但总的感觉是没有像中国孩子有那么大的学习压力。

高中以下的公立学校教育完全由政府承担开支，对本国公民和永久居民学生分文不取。

二　高等教育

加拿大高等教育全称为"中学以后的教育"（Post-secondary Education），一般指的是大学、社区学院、专科技术学校或私立职业学校的教育，而其中主要的是前两者。

加拿大现有大学近100所，其中个别学校采用法语教学，也有一些学校是英法双语教学，其余大部分大学均使用英语教学。很多学校对成年人的进修设有成人教育项目（Continuing Education），一般都有特殊政策。各大学有独立决定招收学生的权利。因此，不同的省、不同的院校或系之间，入学标准均不相同。虽然没有类

第12章 加拿大的教育

似于中国高考的统一入学考试的制度，但高中毕业时仍需通过各省教育部命题的高中毕业会考，这也成为大学录取时的审核标准之一。

加拿大的社区学院（Community College）在越来越多的社会需求下应运而生，全国共有200多所社区学院，大多由省政府建办，课程侧重于应用文

校园一角

科、商科、工科和其他职业训练，修学时间长短不一，一般为1~2年，依所修的课程而定。学生毕业后只有毕业证书，没有学位证书，但可选修一些相当于大学一、二年级的转读课程，修够一定学分后可以再转入正规大学，继续攻读学士学位。常有留学生选择这种院校，但其中只有一部分学校招收留学生。这种社区学院，其学费比正规大学低很多，开设有校内校外的全日制或半日制课程，非常灵活。

自由转学是加拿大高等教育的特色。学生只要提供相应的成绩并符合对方学校的入学条件（同时也需要对方学校有开放名额），就可以转到自己想去的大学。学生也可以根据个人的学术兴趣和未来的发展方向来自由选择、修正自己的专业。大学一年级主要学的是基础课程，这样有助于学生在这段时间培养自己对学科的兴趣，到了大学二年级才开始有针对性地选择专业；即使学生进入了专业课程，如果感觉不喜欢，同样有重新选择的机会。

加拿大的大学是宽进严出的，这种治学理念造就了一批又一批具备真才实学的毕业生。加拿大的学位证书在世界范围内得到了广泛的好评，是极富含金量的。

大学教育（包括研究生教育）都是要收学费的，但加拿大公民和永久居民读大学需要交的学费远低于外国学生。这是因为外国学生要自己承担全部教育花费，而本国人（包括移民）只需交比较低的学费，其余的差额部分由政府的教育经费补给学校。外国留学生不享受加政府的教育补贴，学费自然就会高很多。

在魁北克，全日制社区学院的课程对公民和移民则学费全免。由于历史原因，

移民留学专家导航

　　加拿大的大学教育一开始就极具英法色彩，后来又受美国影响。现在其大学一般采取学分制，有利于学生的自由转系或转校，学生能够根据自己的情况及时调整自己的方向。学生大学毕业后会得到毕业证书和学士学位证书。后者又分为两类：普通学士学位和荣誉学士学位。普通学士学位读3年，学分需达到40～60分。荣誉学士学位读4年，并要有专业课程的成绩，学分要比前者多20学分。但荣誉学位不一定比普通学位需要更多学分，荣誉通常意味着平均成绩GPA很高。获得荣誉学士学位以后，可申请攻读硕士学位；如果不是荣誉学士而申请研究生，许多学校的研究生院的录取分数线需要申请人有类似荣誉学士的GPA。硕士课程学制为2至3年。如果再进修，一般是读完硕士者再读博士，博士学制一般为3年。也有学士毕业后直接申请攻读博士学位的（或硕、博连读），则要求其学士课程学分更高。但毕竟直接读博的专业不多。

　　加拿大大学一般分为春、夏、秋3个学期（semesters）。秋季学期从9月中旬至12月，是每学年的第一个学期，也是每年入学人数最多的学期。秋季学期结束以后是2～3周的寒假。春季学期从1～4月，以后是长达近4个月的暑假。如果暑假期间选课，即为夏季学期，但此学期的课程以及选课的学生都不多。大学生们多利用此时间打工挣钱积攒下学期的学费，或安排其他活动。

　　大学读书期间学校安排工作实习的现象也很常见。大多数实习机会利用夏季学期，即5～8月。如果总共有8个月的实习，分两年，每年夏天各四个月。实习时间合计也可能长达16个月，从5月到下一年的8月，中间休学一年。实习时间长短完全看学校安排的工作性质和内容。

　　不同省份不同大学的学费差异很大。对加拿大本国学生来说，魁北克较便宜。但总的来说，本国学生和取得永久居民身份者均享受政府补贴及低学费。除纽芬兰和曼尼托巴两省以外，外国学生则一律需付高学费。其间差异也很大，有的甚至高达本国学生学费的4倍。所以首先争取永久居民身份不失为节省学费的明智之举。

三　与中国迥然不同的加拿大高等院校入学办法

　　一年一度，中国的高考牵动着上千万莘莘学子和家长们的心，这一次考试，基本上决定了参加考试者的一生职业定向。加拿大既然没有这样的高考，那么又是怎

第12章
加拿大的教育

样的一套大学入学方法呢？

加拿大的大学招生从上一年的12月（应届高中毕业生12年级上半学期）就开始了。12月的时候，省教育厅给每个申请者发放一个大学申请的账户，申请者据此登陆本省教育厅申请大学的网页，按自己的成绩和爱好，根据升学指南填报报考志愿。一个学生能向多所大学同时提出入学申请。通过省教育厅，只能申请本省的大学，如果要申请外省的大学，就要自己与目标大学联系，单独申请。

加拿大高中生也要参加省里统一命题的会考。大学录取新生主要看申请者高中三年各科平均成绩，而不光是会考成绩。因此，每个学生临近高中毕业时基本上都知道自己处于什么水平。会考考试时，学生们都不太紧张，也没有什么特别的压力。即使临近毕业，每天晚上仍有空闲时间。填报高考志愿和选择专业，也都比较切合每个人的实际情况。只要平时各科成绩合格，高中毕业生基本上都能升入大学。但是要进入麦吉尔大学（McGill University）、多伦多大学（University of Toronto）、不列颠哥伦比亚大学（University of British Columbia）这样的名校，或学习法律、医学等热门专业，则还要加一把劲，各门考试成绩都要优异。

如果中国高中毕业生以国际学生的身份（不是移民身份）申请在加拿大读本科，大学录取的主要依据是高中三年各科平均成绩和会考成绩，对已经毕业，并参加高考的学生，还要参考其高考成绩。

由于可以通过查询申请者电脑档案进行筛选取舍，加拿大的大学在制度上并无"面试"程序。但多伦多大学、麦吉尔大学等名校由于符合要求的考生远超过录取数额，学校常自行组织面试，以确定最终的录取。

面试由任课教授主持，一般不超过30分钟。问题很简单，主要考察考生的语言和理解能力，以及考生对所申请的学校和学科的了解，从而衡量考生是否能够胜任未来的专业学习。如一名报考麦吉尔大学新闻专业的考生，在面试中会被问及"你对本校的了解"、"为什么选择新闻专业"和"你最喜欢的加拿大媒体是什么，为什么"等，从中得出对考生语言和适应能力的大致印象。在此情况下，面试官对考生的评价无疑相当关键。由于面试内容较简单，学生主要在精神方面做好准备，力图让考官觉得自己胸有成竹，从而增加印象分。在加拿大，不存在诸如"面试参考书"或补习班之类的考前辅导，但一些考生会在网站上与前辈交流面试心得。

一般来说，考生在5月初就能收到第一份大学录取通知书。一位学生可能收到好几份大学录取通知书，学生可以选择最希望去的一所学校，并及时和所选

择的学校进行确认。

四　新移民如何安排子女入学

对于带着儿女初到加拿大的新移民来说,办理孩子的入学手续是当务之急。

如果想让孩子进入公立中小学就读,可以联系居住地附近的教育局下属的教育管理部门。在加拿大进入公立学校就读是完全免费的,父母只需支付部分学校提供的额外服务及郊游费用。

如果住所附近恰有心仪的好学校,可直接向该校咨询、办理入学手续。一般来说,小学生(包括幼儿园至七年级)必须在离家最近的学校就读,步行或乘校车上学;中学生则可根据自身教育需要,选择异地就读。

办理孩子的入学手续需要携带下列文件:

🍁 孩子的出生证明。

免费接送孩子上下学的校车

Immigration

第12章
加拿大的教育

学生们在野餐

- 移民纸。
- 护照。
- 医疗及疫苗注射记录。
- 曾接受的学校教育及相关记录。

　　加拿大的教育体系保证适龄少年儿童人人都有书念，所有5～16岁少年儿童按规定必须上学。作为移民国家，加拿大一般中小学校在新移民子女的教学上相当有经验，知道该怎样让这些学生轻松愉快地度过初到加拿大的适应时期。对于有特殊要求或需特别帮助的学生，这里也有专门的学校及班级。

　　如果你的孩子英语很熟练，可直接编入正规班，对于母语非英语的学生，新移民的孩子入学时往往会有语言困难，学校开设了ESL（英语作为第二语言）的专门班，由专职教师提供培训。这个班主要是为了集中补习英语，同时兼顾其他课程的学习。有的孩子通过几个月的过渡，就插班到自己应该就读的班级。也有的学生接受比较长的特殊课程。例如在BC省，学龄儿童最多可接受达5年的ESL课程教育。再加上一般孩子的语言适应能力很强，作为家长不必担心孩子入学后的语言问题。

　　当然，如果想让孩子进私立学校读书，就必须交学费，那些不足5岁的学前班儿童即便一周只上几小时的课，同样也得交钱。

不论公校还是私校,所有年满5岁的儿童都必须进幼儿园学前班,开始接受正规教育,之后升入小学、中学,一直读到十二年级,完成整个中学阶段的教育。学校除了上课,还会组织游戏、体育比赛和其他活动。学校俱乐部等活动通常在放学后组织。

除了课间休息和午餐时间,小学生们全天都待在一个教室里(去图书馆、体育馆、微机室除外),午餐时间学生们可以吃饭,然后进行户外活动。家长们可以为孩子备好午餐及饮品,学校一般有微波炉可以热饭,也可以在学校购买午餐。对于中学生来说,每天要进出不同的教室上课。

在圣诞节/新年期间,学校要放1~2周的假;三四月份放7~10天的春假。所有的公立学校都接收男女学生(男女同校),有个别的私立学校是清一色的男生或清一色的女生。例如,多伦多的Upper Canada College 和 St. Andrew College是极其有名的老牌私立学校(毕业生基本上都读名牌大学,培养出了许多杰出人才和社会名流),但此校只招男生。只招女生的学校有Bishop Strachan School和Havergal College,但这样的学校不多。多数学校不要求统一校服,但部分学校对学生着装有规定。

五　奖学金及学生贷款

北美大学向本国学生及其留学生提供奖学金(scholarship)或助学金(allowance),优先考虑成绩优秀的学生。一般来说,本科生机会较少。而硕士和博士研究生获奖学金的机会较多。

除非极其出类拔萃者,美加大学一般不向外国本科留学生提供奖学金或助学金,但多为外国研究生提供奖学金或助教助研津贴。根据来源不同,助学金或奖学金可分为三大类:一是政府提供的;二是私人及私人性质的基金会提供的;三是学校提供的。许多奖学金是按学科分类的,奖励或促进对某些领域的研究。有的是按申请人的成绩决定是否给奖学金,成绩优异者机会多。大多数奖项同时取决于以上两种因素。奖学金是无偿提供给本人的,获奖人数相对有限,奖项金额多寡不一。如,安大略研究生奖学金(Ontario Graduate Scholarship,OGS)每年有1,000多个名额,绝大部分名额给加拿大公民及永久居民,给外国学生的名额只有几十个。每个

第12章 加拿大的教育

名额的金额约1.5万多加元。更有甚者，各个大学为了鼓励本校学生拿到OGS，为校争光，给获取OGS的佼佼者锦上添花，再加更多的奖学金。有的学生同时得到几项奖学金，年总额能达到3万多加元。

助学金是为经济困难的学生提供的经济资助。外国学生很少得到。

公民和永久居民可以申请省政府的学生贷款。在上学期间没有利息，毕业后可以做个计划，每个月还一点，利息很低。申请学生贷款的条件：一是在本省已经居住达12个月，属于本省居民。二是经济收入低。

毋庸置疑，置身中国，以外国学生身份申请加拿大大学奖学金是非常难的。每年有大量的中国大陆申请人向美、加大学递交材料。例如，某系为外国留学生设置了两三个奖学金名额，该系一年能收到1,000份左右的申请，其中有约800份来自中国大陆。其竞争激烈程度就可想而知了。如果考虑到许多申请人用撒网的方式向多个学校同时申请的因素，也相当于有上百个中国申请人在竞争。如果你是永久居民，你就用不着参与外国学生的这种竞争了。加拿大永久居民获得奖学金的名额相对多，获得的机会就大了很多。

如果你同时满足申请留学和移民的条件，可以看出，首先获得永久居民身份，你能够获得许多优先权。如果在两条路中间必选其一，更应该先考虑申请移民。如果你获得了加拿大移民身份，就等于拿到了加拿大大学的高额奖学金。

加拿大很多大学还为本国人提供带薪实习（Co-op）的课程。Co-op课程设置在每个学校有所不同，有些大学规定某些专业必须参加Co-op才能毕业，有些大学需要学生申请才能参加Co-op，且只有部分专业才有Co-op机会。学生申请参加Co-op一般需成绩在中等以上，并通过学校和实习公司的面试；大学的带薪实习一般在大二下学期开始，通常3~5个学期。实习和课堂教学穿插进行。参加带薪实习课程每月可获1,000~3,000加元（约人民币6,200~18,600元）的薪水。

通过以上讨论对比不难看出，在加拿大求学深造，持有永久居民身份的人比纯粹的外国留学生有着不可比拟的优势。对比如下：

永久居民学生	外国学生
交纳低廉学费	交纳3~4倍于本国学生的高额学费
有较多机会获得奖学金	获得奖学金机会少
有较多机会获得助学金	获得助学金机会少
可以获得学生贷款	没有机会获得学生贷款
可以合法地在校外工作	可以有条件地在校外工作
可以边工作边学习	只能全日制学习

六　加拿大著名大学介绍

1. 多伦多大学

多伦多大学（University of Toronto）是加拿大规模最大的大学，创立于1827年，现在，多伦多大学是加拿大名列前茅的医学博士类大学，在世界上也享有很高的威望。现有22个院系，超过2万名教职员，开设了400余项研究生及专业课程。在2011年秋季，多伦多大学共有7万余名学生，其中研究生约占20%，外国留学生7,000余人（占近10%）。大学开设的专业类别有应用科学及工程、建筑、基础医学、经贸、教育、人文科学、风景园林、生命科学、数理、机械、音乐，社会科学等。招生要求为高中以上的学历，对本国学生要求中学成绩记录和正规的毕业会考分数，对外国学生来说则要求COPE、TOEFL、密执安英语考试或IELTS的考试成绩，托福（网考）成绩要在100分以上，其中写作要在22分以上。2011年，一般专业加拿大学生的学费每年在1万加元左右，外国学生的学费则高达2.4万～3.1万加元。奖学金和助学金较多。

多伦多大学的绿茵场

多伦多大学设有3个分校,圣乔治学院(St. George)位于多伦多市中心,士嘉堡学院(Scarborough)位于多伦多的士嘉堡区,密西沙迦学院(Mississauga)位于多伦多西郊的密西沙迦。这3所分校都有较全的学科设置。多伦多大学每年9月开学,次年5月放暑假,每年也举办暑期班。

多伦多大学网址:www.utoronto.ca

2. 麦吉尔大学

麦吉尔大学(Mcgill University)位于魁北克省的蒙特利尔市,是一所实力雄厚的私立大学,其在国际上的顶尖大学地位举世公认。1821年,詹姆斯•麦吉尔先生赞助设立了这所大学。校园里古色古香的绿屋顶欧式建筑与现代化楼房交相辉映,构成蒙特利尔市中心独特的景观。该校设有农业、艺术教育、工程、管理、音乐、科学等11个院系,提供300多个专业课及辅修专业的课程教学。各系课程设置在公共课范围给学生提供课程选择,主修课则围绕特定的专业进行。学校可授予双学士学位,可授予幼儿、初等、中等及特殊教育的教师证,并提供医学、牙科学、建筑学及职业病治疗法的职前培训。此外,继续教育也是麦吉尔大学的办学项目之一。

麦吉尔大学校内的科研设施很完善,生态博物馆、物理博物馆、加拿大博物馆、植物园、植物标本室都有丰富的收藏品。自然保护研究中心及热带作物研究所有着先进的装备,校内的放射实验室配有先进的同步回旋加速器。该校图书馆藏420余万册,

麦吉尔大学校园

所订期刊超过67万种,微缩胶卷180余万。

麦吉尔大学对外学术交流很活跃,和世界上众多国家与地区有学术往来,与魁北克其他大学有学分转换协议。

申请入读麦吉尔大学本科的加拿大本国学生必须高中毕业考试成绩优秀,外国学生的雅思成绩要达到6.5分,或者托福成绩在100分以上。外国研究生入学要求其大学最后两年的GPA 3.2或以上,新托福86分,其中听说读写每门不低于20分,或者雅思6.5分,某些专业要求申请人提供GRE成绩。

麦吉尔大学现有3.6万多名学生,国际学生来自世界上140多个国家和地区。学生的学费差异巨大。2010~2011年,就读麦吉尔大学本科的一般专业,魁北克省的学生学费为2,100多加元,加拿大其他省份的学生为5,800多加元,国际学生为1.5万~2.7万加元;外国研究生的学费约为1.5万加元。

麦吉尔大学网址:www.mcgill.ca

3. 不列颠哥伦比亚大学

不列颠哥伦比亚大学(University of British Columbia, UBC大学,许多华人称之为卑诗大学)的历史可追溯到1908年,是不列颠·哥伦比亚省最早的大学,起初为研究性合作机构,后来逐渐发展为综合性大学。在100年的时间里,不列颠哥伦比亚大学成为世界一流的名牌大学、蜚声国际的研究中心,拥有世界先进的具有艺术造型的设施,加上它位于气候宜人、风光如画的温哥华市,因此每年吸引了全世界众多的学子前来就读。

不列颠哥伦比亚大学确立了很高的学生培养目标,立志培养能适应全球不同文化、分析解决复杂难题和处理、利用大量信息的世界化公民。为此,校方在教学上锐意进取,不断改善学校的学术环境,百年的老校仍处于蓬勃的发展状态之中。

不列颠哥伦比亚大学的科研很出色,17个研究院、50个研究中心、8个跨学科研究组织和3个医院从事着4,000多个研究项目。共设有四个联邦政府资助的研究中心,重点研究病菌病理、蛋白质工程、疾病遗传基因和国际发展问题,此外还有图书馆、美术中心、亚洲中心、地质学和动物学博物馆、日本植物研究所等专门的研究机构及设施,其中图书馆是全加第三大图书馆。学校设有农业经济学、动物学、森林资源管理、计算机学、营养学、石油勘探工程、地理学、艺术、英语、历史、德语研究等70多个专业,能授予学士、双学士、硕士及博士学位。中等和特殊教育的教师培训及法学、医学和牙科的职前培训也是学校的教育内容之一。

不列颠哥伦比亚大学现有5.4万多学生，国内学生一般专业收费约为5,000加元，外国学生学费约为23,000加元。外国留学生要提供语言成绩——雅思成绩、托福或密执安英语考试的成绩。就读本科的外国留学生托福成绩要达到90分，其中听力和阅读均应达到22分，口语和写作均不低于21分。

不列颠哥伦比亚大学网址：www.ubc.ca

4. 滑铁卢大学

滑铁卢大学(University of Waterloo)是一所年轻的大学，1959年正式建校。它以高科技为依托，发展速度很快，现为加拿大知名的综合性学府，提供完备的数学、保险统计学、计算机科学、工商管理、统计学、运筹学等等诸多专业的本科及研究生教育。学校的培养方向是使学生成为受过完善职业教育、有益于社会的人才。

滑铁卢大学的数学系是世界上最大的数学和计算机科学教育及研究中心之一，在世界上享有盛誉。滑铁卢大学为其能将学术成就与社会效益相结合而自豪，它不仅通过优异的教学与科研不断实现着对知识的追求，而且通过对外教学、科技转化和进阶培训等方式服务于社会。合作教育（Co-op）是滑铁卢大学办学的一大特色和强项。雇主和学校共同合作，定向培养。这里是全北美最大的合作教育基地，能提供全年或8个月的合作教育服务。

在外界交流方面，该校是英联邦大学协会成员，与世界上许多国家有交流项目，和众多大学有着长期的专业合作。

滑铁卢大学位于安大略省西南部的滑铁卢地区，距多伦多市100公里。滑铁卢地区有30万人口，工商业发达。校方与企业密切合作，建立在高科技与信息产业上的"新经济"模式已使这一地区成为最具发展潜力的新兴地区之一。

2011年，全校拥有本科生及研究生超过3万人。

申请就读滑铁卢大学的外国本科留学生的托福成绩要在90分以上，其中写作和口语要在25分以上。

滑铁卢大学网址：www.uwaterloo.ca。

5. 女王大学

女王大学(Queen's University)是安大略省第二古老的大学，1841年根据维多利

移民留学专家导航

女王大学

亚女王的皇家宪章建立，原为教会赞助学校，1912年变为非教会学校。

在学术方面，女王大学一直保持着很高的水准，有人把它称做"加拿大的普林斯顿"。女王大学拥有加拿大一流的商学院和医学院，MBA在加拿大排名前五，而且发展势头十分强劲。在其他许多学术范围内，也一直保持着很高的水准，在每个专业领域都有创新的设计，生物工程、法学、艺术及理科都闻名于世，工程物理专业在加拿大名列第一，该专业在北美也仅次于美国普林斯顿大学和康奈尔大学。女王大学与麦吉尔大学和多伦多大学并称为加拿大的常春藤。

加拿大许多知名人士是该校校友，由于校友的慷慨资助，加上该校因杰出科研工作而吸引到许多资助，女王大学便拥有了第一流的设施装备。从实验室到体育馆，从图书馆到学生活动中心，所有的设施都很先进。校内的JOSEPH S. STAUFFER图书馆以电子服务和高科技联网而著称于世。学校的"生物科学综合楼"耗资5,000万加元。值得一提的是，该校于1994年在英国设立了"国际研究中心"，该中心规模庞大，包括了前皇家格林尼治天文台，还可以为该校学生及世界各大学的学生提供以欧洲研究为中心的各项课程。

女王大学的教学质量很高，她吸引着加拿大最好的教授，在每个专业领域都有创新的设计。现在共有23,000多名学生，其中外国留学生1,400余人。生源不错，多是加拿大家境优裕、学习优异的学生。

外国留学生申请就读女王大学本科，需要托福成绩在88分以上，其中写作24分，口语和阅读22分，听力20分以上。

女王大学网址：www.queensu.ca

6. 渥太华大学

渥太华大学（University of Ottawa）的前身是Bytown学院，创立于1848年，创立伊始它就显示出了强大实力。时至今日，已一跃成为声名大噪的学术中心。它是北美最大的双语大学，对加拿大首都地区的文化与经济发展起着至关重要的作用。

该大学的一大特色是双语教学。该校以在多元文化环境中促进双语与二元的文化发展为己任，开展各种灵活多样的英法双语相结合的教学与科研项目。独特的双语课程设置使得学生可以自由地用其中任何一种语言完成学习任务。

渥太华大学的社会责任感很强，一直在提高妇女地位方面做着不懈的努力。同时，它还积极致力于加强与世界间的联系，其国际合作项目涉及欧、非、拉美等众多地区。

该校地理位置优越，地处加拿大首都渥太华市中心，与首都几大图书馆及政府机关和科研所毗邻，这为师生获取国家信息资源提供了方便。

渥太华大学现开设有文学、商业、计算机科学、工程、人文学科、化学、数学等各种专业，其中最受欢迎的是会计、人体力学和药品学。

大学生毕业

外国留学生在该校一年的学费，本科生在15,000～28,000加元之间，研究生在10,000～22,000加元之间。外国留学生的托福成绩应在92分以上，其中写作24分以上。

渥太华大学网址：www.uottawa.ca

7. 艾尔伯塔大学

艾尔伯塔大学(University of Alberta)是全加拿大5所最大的以科研为主的综合性大学之一，其科研水平居加拿大大学队伍的前列。参加全加14个优秀科研网的仅有3所大学，艾尔伯塔大学便跻身其列。在全国大学中，艾尔伯塔大学占皇家学者协会会员人数以及申请美国技术专利和技术转让总数均居第5位，其科研收入与所得资助总额居全国第5。

艾尔伯塔大学校园内的各种设施十分完备先进。主校园占地89公顷，还有5,000公顷校外科研用地，广阔的校区容纳了400个科研实验室，包括全加最有实力的激光实验室、最居前沿的扫描电子显微镜实验室，两套NMR设施和一些农业科研站点。大学图书馆是加拿大第二大科研图书馆，人均图书拥有量居全加第一。Timms艺术中心拥有国内最新最好的戏剧教学设施。体育娱乐中心兼有室外与室内的多种娱乐设施。学生公寓与商场相连，是方便、舒适的生活场所。

艾尔伯塔大学位于North Saskatchewan河边，始建于1908年，至今已有100年的辉煌学术历史，该校在教学、科研及服务社会等方面精益求精的进取精神吸引了海内外的莘莘学子前来就读。在这里他们不仅可以置身于一个充满激励与挑战的学术氛围，而且可以领略校园美丽的河谷风光。

2011～2012学年，一名加拿大学生在艾尔伯塔大学学习的学费约为4,400加元，外国留学生的学费约为20,000加元。外国留学生申请就读本校，托福成绩要在86分以上，并且听说读写四项均不低于21分。

艾尔伯塔大学网址：www.ualberta.ca

8. 卡尔加里大学

卡尔加里大学(University of Calgary)是一所新兴的大学，虽在1966年才开始独立授予学生学位，但发展速度和其所在的城市卡尔加里一样迅速，短短40年间，卡大已发展成为一个首屈一指的大学，在国内国际的科研与教学地位渐趋重要，目前已列入加拿大大学科研力量十强。卡大是9个国家优秀科研中心的成员，也是全国唯一的特优资质教育中心。卡大的国际旅游教育与研究中心经世界旅游组织认可，是欧洲之外的仅有的研究中心。

卡大众多的研究所、研究中心与研究团体致力于诸如法律、家庭、能源、环境、工程、软件、人文科学等领域的广泛的专业研究，并有着卓著的成果。大学对地区经济的增长作用超过八亿加币。

卡大的图书馆不仅以规模大著称，而且还藏有众多加籍作家的作品原稿及一些知名建筑师的齐全的建筑样品。

卡大的外国本科生学费一年约为19,000加元，申请修读本科课程，需良好的高中成绩与高考成绩，托福83分以上，若没有语言成绩，可先在本校语言中心学习6~9个月的语言，英语成绩合格后，可以升入大学本科。

外国研究生学费12,000加元，申请者的大学本科成绩良好，托福83分以上，部分专业需提供GRE成绩。

卡尔加里大学的网址：www.ucalgary.ca

9.圭尔夫大学

圭尔夫大学(The University of Guelph)是学者云集、科研活跃的学府，在加拿大的大学中有着独特的地位。该校努力创造以学生为中心的教学氛围，进行广泛的研究工作，积极服务社会，并在这三者的平衡中保持了良好的前进活力。

圭尔夫大学极为重视本科生教育，注重学生在大学学习的全过程，同时帮助学生成功地实现从中学到大学的转型。

圭尔夫大学拥有成就卓越的学者队伍，同时也是一支优异的师资队伍。该校的许多教授是国际知名的学者，他们能以生动活泼、适于学生接受的方式将他们的所知所思所创带入课堂，使得学生在学习的过程中一直处于科学的前沿地带。圭尔夫大学对合作、国际化和开放教育的重视也使学生在国际竞争中获益匪浅。

圭尔夫大学专业齐全。学士学位专业80个，涵盖应用科学、艺术、商业、景观建筑和科学等领域；硕士学位和博士学位45个。热门专业为计算机和信息科学、生物科学、政治学、心理学、食品和旅馆管理等。许多专业开设副修课程，与世界许多高校也有交流项目。图书馆、研究所和学生宿舍的设施都很不错。

圭大位于安大略省西南部的圭尔夫市，校园内既有传统建筑物星布其间的安大略田园风光，又有充满科技与生活前沿感的现代校景。

圭尔夫现在有18,000多学生，该校对外国学生的语言要求是，雅思达到6.5分且单项不低于6分；或者托福成绩89分且单项不低于21分。

圭尔夫大学网址：www.uoguelph.ca

10.麦克马司特大学

麦克马司特大学(McMaster University)是一所中等规模的大学，成立于1887年。位于安大略湖西端著名的港口城市汉密尔顿（Hamilton），校内全是步行区，环境幽雅，建筑古朴，不失为一片静谧优美的读书场所。校园与外界的交通颇为便利，坐公共汽车到汉密尔顿市区只要几分钟。

麦克马司特大学下设六个院系，分别是理学院、商学院、文学院、工程学院、社会科学学院及医学院。有160多个本科专业及70个多个研究生专业，提供全方位的教学及科研服务。学校拥有一流的实验室和各种先进的设施。语音教室、音乐排练厅、画廊和研讨室都有着现代化的装置。工程类专业十分有名，任何一个工程类专业都可以排在北美前10名。该校拥有核发生器、VDG加速器等高精尖设备等，是北美唯一拥有核反应堆的大学。其网路主干、终端和微机将校园连成一个有机的网络体系。此外，校内的娱乐设施也很丰富，50米标准泳池、400米全天候跑道，新建的

麦克马司特大学校园

第12章
加拿大的教育

大学阅览室

200米室内跑道、室内攀岩、四个球类运动馆等先进设施为师生课余锻炼身体提供了好去处。

校内图书馆是研究型图书馆协会会员之一，藏书超过200万册，订有2万种期刊，同时该馆藏有大量18世纪文献。

全校1,000多位教学员工绝大多数有博士学位，他们既教本科生又教研究生，这使得所有学生的学术研究都能得到详尽而高水准的指导。许多在麦克马司特就读的学生深切地感受到教师对他们十分周到的指导使他们获益不少。

在加拿大一流大学的评比中，麦克马司特大学连年被誉为最富有创造力与革新精神的学府；由于独特的创新性教学和求实理念，麦克马司特大学现在是加拿大最著名的大学之一。

对外国学生而言，目前一般学院的学费为13,693～20,611加元，工程学院为18,000加元。

申请入读的中国学生托福成绩要达到86分，其中听说读写四个单项中每一项不

少于20分；雅思成绩不低于6.5分；MELAB成绩85分；CAEL70分。

麦克马司特大学的网址：www.mcmaster.ca

11. 西安大略大学

西安大略大学（University of Western Ontario）是加拿大最古老的大学之一，学校建于1878年，原名"安大略省伦敦西大学"，后因其对安大略地区的重大贡献而于1923年改名为"西安大略大学"。西大坐落在伦敦城外，自成一体，其校园极为优美典雅。

探索、求知、学术创新与自我发展是该校悠久的传统，学校鼓励自由而富有创造性的求知活动，重视批判性思维、人文价值与实践能力。作为一个活跃的学术中心，该校吸引了全加拿大及全世界众多的优秀学者。目前有3,500名教职员在此落户，30,000学生在此深造。

西大有12个学院200多种专业，学校比较偏重人文艺术方面的学科，商学院在世界上享有盛名，一提起西安大略大学，人们总是首先想到其商学院，想到MBA学位。西大的MBA在加拿大国内外都是极为抢手的。西安大略大学的其他人文专业如社会学、政治学、心理学也都非常有名，医学院也是加拿大首屈一指的。该校图书馆系统共有七个主要服务区，共藏有超过7,700万个各类出版物，包括书籍、图像及电子格式档案，可分为商业、教育、法律音乐等专业图书馆。校内还有印第安考古博物馆、天文观测台、体表风洞等各项专业教学设施。

西大对申请就读的国际学生要求托福成绩不低于83分且各项成绩不低于20分，或雅思成绩不低于6.5分且各项成绩不低于6分。

西安大略大学的网址：www.uwo.ca

12. 西蒙弗雷泽大学

西蒙弗雷泽大学（Simon Fraser University）是一所有着32,000多名学生的中型大学，1965年建立。主校区位于温哥华附近伯拿比（Burnaby）的一座山上，其独特的建筑举世闻名。在温哥华市内和大温哥华地区的Surrey有两个分校区，三校区之间有著名的温哥华空中火车连接，交通十分方便。温哥华校区与主校区相距仅13公里。

作为一所著名的加拿大综合性大学，西蒙弗雷泽大学设置的专业非常全面，涉及艺术、自然科学、应用科学、商业与教育等诸多方面，几乎囊括了当今世界上最受欢迎的所有学科。课程也较灵活。学期有春、夏、秋三季，学生可任意时间申请入学。同时，函授教育与夜校课程使得许多人可以兼顾学习与工作。该校的合作教育也搞得有声有色，学生在毕业之前就已在将来可能从事的岗位上实习。

西蒙弗雷泽大学的网址：www.sfu.ca

链接1：加国教育 VS 中国教育

玲子

前段时间在国内的网站看了一篇文章，大意是说美国和加拿大的教育不如中国。把孩子送出国去读书，是一种错误。我不知道文章作者的用意是什么，但有一点可以肯定的是，该作者没有在国外的学校读过书，根本不知道北美的教育是怎么回事。即使在加拿大的华人，如果家里没有孩子读书，自己也没有在加拿大上过学，也不会知道这里的教育到底与中国有什么不同。本人在国内教育系统工作了近二十年，移民来到加拿大后，参加了不同的培训，其中包括教师语言培训。因为孩子读高中，与一些学校的教师及新移民学生家长时有交流，并且自己也在这里接受了高等教育。以我个人之见，加拿大的教育从内容到形式都与中国有很大不同。总的来讲，其教育理念应该比中国的要先进。

首先，总体来说，加拿大的学校通常是小学初中时，学习压力不大，家庭作业也少，比较清闲，课程都是老师安排的；到了高中第二个年头（也就是11年级），就要根据你将来的职业意向自己选课了。有些课程是为上大学或是大专准备的，还有些是为高中毕业后直接工作准备的。上了高中，一年比一年紧张。不过与中国准备高考的学生比，还是要轻松一些。到了大学，就更紧张，比中国的大学紧张多了。

原因是，第一，大学实行宽进严出的政策，在读学生的淘汰率很高，据说有些学校的有些专业淘汰率可以达到半数以上。学校考试/考核的难度较大。第二，大学（包括社区学院）的考试计分方式与国内完全不同。一门课程的计分由很多大大小小不同的作业、考试和其他的考核方式构成。以100分计的话，作业小的5%～10%，大的20%～50%；考试占分从15%～60%不等。还有到课率也计分。要想通过一门课程，

移民留学专家导航

哪怕是5%的小作业也不能马虎。谁知道课程结束的时候，你的总分够不够及格的标准呢？作业包括写文章、个人课题、小组课题、个人演讲、小组演讲等。不管是什么活动，都要写个报告，并且要按时交，否则就要扣分。所以这里只要上大学的，要想坚持下去的话，就不能松劲。忙过了，紧张过了，学分也就到手了。所以在这里接受过高等教育的，学的东西都应该很扎实。在正式的大学里，尤其是在比较有名的大学里，学生如果顺利毕业了，应该是不简单的。不像在国内的一门课，来几个小测验，加上期中、期末考试就过了。现在中国的大学（包括大专）里，有的也学习了这些考核方法。但据本人了解，皮毛好学，本质不容易学到。中国大学的抄作业，考试作弊现象比较严重。虽然不能说所有大学都是这样，但很多事实说明这种现象不是个别的。这样，平时的作业如果计分，不但对学生没有压力，反而成了顺利通过考核的保险箱。并且，多数人抄作业、考试作弊的情况对有自觉性的学生是一种伤害。更有甚者，某些老师为了顺利完成"差事"，考试之前为学生"透题"。而在北美的大学里，虽然仍有极个别的作弊现象，难以100%杜绝，但总的来

青山碧水

第12章 加拿大的教育

讲，作弊是很罕见的极少数人的行为，绝对不会成为风气。以上说明，加拿大大学的毕业生的含金量还是货真价实的。

其次，教学方法和内容也不一样。中国的教学讲求基本概念和理论，考试讲究解题的能力，得分取决于对与错，实践也就是去实习一下。加拿大的教学强调探索、创新和实际运用。比如，我孩子上10年级的时候（相当于国内的高一），有个化学作业，分为三部分，每一个部分做完了以后，交给老师批改，然后，再做下一个部分。并且需要两个人一个组讨论，有分工，有合作。第一部分让学生选一个品牌的日常化学用品，可以是化妆品，或洗发护发用品，或清洁洗涤用品。学生要写出选这个品牌的理由，查出这个产品的生产商（厂家），找出这个产品（或系列）的主要化学成分及其功能。这些都是要上网，或者去商店找信息找资料的。第二部分让学生查出这个生产厂家（公司）有哪些职位（职业），要是你在这个公司工作的话，你想申请哪个职位，这个职位的主要职责是什么，为什么要申请这个职位。第三部分是自己设计一套宣传方案，为这个产品制作一个有视觉效果的艺术广告。整个作业下来，不仅仅是要运用化学知识，而是很多东西综合到一起，让学生自由发挥，同时要求"work as a team"（团队作战），强化了合作意识和知识的实际应用能力。再者，这种作业，每个人都能够表现个性和特点，所有的作业都不一样，无法照抄，也就排除了作弊的可能性。

在中国，学生站在被动接受的地位被老师"教"，在加拿大，学生在老师的组织、领导下，主动思考。通过讨论、发言、动手等方法，学生经常"唱主角"。当然老师要"教"学生东西，但不是灌输，而是引导，启发。学生是积极的参与者，课堂是老师和同学互动的过程。学生到了大学期间，学习内容经常要和实践挂钩。

加拿大的教育更注重能力的培养，而不是简单的书本知识。就拿这里的高中生物学来说，除了讲一些基本知识以外，更多的是对于知识的应用能力。比如说，讲到糖的时候，要求学生做的作业是血中糖的含量与糖尿病的起因的关联，而没有去强调糖的结构是"左旋"还是"右旋"；课本内容的覆盖面不比国内教材窄，并且以实战为原则。我孩子在11年级的时候有个物理作业，要求他们每个人自己选一个课题，去讲台上给全班同学演讲。他选的是交流和直流发电机，讲结构、原理及其应用。他自己上网找资料，作课件（用PowerPoint），进行动画和声音链接，最后讲演。而国内的同学，都在做题，模拟考试，准备迎接高考。每天的时间都在应付作业，根本没有自己发挥主观能动性的机会。

移民留学专家导航

冰天雪地挡不住孩子们的热情

有人会说，中国中学的课程比加拿大的要深。单从低年级的数理化来说，这是事实。但是不要忽略，课程是教育专家们精心设计的，这里涉及教学理念和深层次的教学思想。从教育的思维和理念来看，加拿大与中国肯定有很多不同。如果仅仅为了加大课程难度，多放一些"深"的内容，对北美的教育学家们应该说是最容易办到的事情了。之所以把课程内容设计得少一些，"浅"一些，应该是出于对孩子的身心发展全面平衡的考虑，也是出于毕业后其知识与实践挂钩的考虑。这时的孩子身体处于发育阶段，太大的学习压力并不利于身心健康。孩子应该有快乐，应该多玩，锻炼身体。很多人都同意，加拿大是孩子的天堂。我个人认为，这里的教育理念更符合孩子成长的规律，更人性化。由于经历了不同的教育过程，中国中小学生的身体素质恐怕差了一大截。就拿视力水平相比，中国的高中生，戴近视镜的比比皆是，但在加拿大，戴近视镜的真的是极少数。难道我们以孩子的身体健康为代价，换取他们能够多背几首唐诗，或多记了几个抽象的数学公式，就能够体现我们教育的优越性吗？

中国教育在历史上走过不少弯路，甚至走过极端。"文化大革命"时，几乎抛弃了所有理论课的学习，一切都围绕"实践"。而现在的矫枉过正，似乎真的矫枉过了头。"社会实践"、"将来的就业需求"等概念似乎考虑得很少。学生作文动不动引用唐诗宋词，之乎者也，但很多学生中学毕业后连一个工作报告也不会写。口语交流、表达的能力也很差。这是我们要追求的教育目标吗？

中国的孩子从小学到高中一直是处于一种激烈的学习竞争和考试压力的状态，但到了大学反而过得很轻松容易（相对于高中阶段的高考准备过程而言）。也就是说，当孩子成年之前，应该享受童年、青少年时期快乐的时候，他们却没有乐趣，为学习所累，为考试所苦，身体发育也受到了影响。而当他们步入了成人期，到了应该学会承担责任，也有了承担压力、发奋学习的身体和心理条件的时候，中国的孩子反而没有了压力；进入了大学，就像进入了保险箱。这时，优哉游哉混日子的不在少数，却也能混个文凭；不用花太多的时间学习，却有更多的精力和时间玩电脑游戏，谈情说爱，打牌喝酒消磨时间；还继续有机会在大学校园里依赖父母，享受娱乐，缺乏责任感。从幼儿到成年的这种转变，简直是本末倒置！

在加拿大，儿童、少年期很放松，很享受。可是当孩子的身体发育到一定程度的时候，进入高中以后，课程逐渐加难。尤其是到了12年级，中学里更是开设了许多与高等教育接轨的课程，如会计学、数据管理和职业学课程，为学生就业或接受高等教育选择不同专业方向做准备。其深度和广度与国内的课程就没有可比性了。不但压力加大，社会责任也随之增强。他们经常被要求完成一定数量做义工的时间。不少学生开始在暑期打工或课余打工（政府有专门的部门和网站帮忙或指导找工作）。

随着孩子进入成年，课程设计也逐渐使学生面对社会现实。高中期间开设专门课程，规划设计自己的职业方向。大学里也有专门的职业规划指导中心，帮助指导学生选专业，设计职业方向，为今后的就业做准备。我有个朋友的女儿在滑铁卢上大学二年级，按照教学计划，她现在正在做第四个CO-OP（带薪实习）。可见加拿大的整个教学模式与方式与中国有很大的不同。与中国的"精英教育"强调理论学习，崇尚做"学问"相比，加拿大教育追求知识在实际中的运用和学生适应社会、掌握技能的培养。加拿大的孩子，到了高中、大学阶段成人后，要接受真正的挑战，对自己、对社会都要承担更大的责任，而不再是享受或依赖父母了。这样，教育的目标是造就有独立性、有责任感、有实际能力的公民，而不是培养脱离社会、娇气且幼稚的书生。

移民留学专家导航

以上虽然讲了很多加拿大教育的好处，但我不得不提醒大家，如果把孩子过早送出国读书，也会产生诸多问题。甚至是极为严重的问题。问题并不是出在加拿大的教育系统，而是我们的孩子身上。这个社会的教育，尤其是孩子未成年之前，是基于学校与家庭的互动基础上的。孩子白天上学，晚上回家。家长也经常参与学校的家长会等。这样，小孩是在家长与学校的共同监督下成长的。我上面说的中国孩子在加拿大读书的例子，都是移民的孩子。换言之，我们这些家长也常在孩子身边，会配合学校的教育。但我也知道一些"小留学生"，他们尚未成年，性格、习惯、人生观都没有定型，一旦离开家长，出来以后便成了脱缰的野马。再加上受到一些负面东西的影响，而自己又没有判断是非的能力，很容易走上歧途。加之一些富裕家庭的家长给他们大笔的钱，使他们挥金如土，更是增加了他们出问题的可能性。因为，加拿大的教育系统，不可能完全取代家长的作用，学校也没有责任履行家长的职责和义务。所以，我建议，如果家长能够陪伴孩子，孩子较早地到加拿大读书应该不成问题。但如果父母不在身边，过早地把孩子送出去"留学"，是带有危险性的。大量的事实说明，本科毕业后出来读研的留学生，很少存在这种问题。如果希望孩子比较早地接受北美教育，移民不失为一条稳妥的途径。 这样，家长在身边，幼小的心灵可以得到多方面的照顾，孩子才能够正常成长。

以上是我个人所经历的切身体会，以及对加拿大和中国教育不同之处的一些个人看法，难免有以偏概全之嫌。但作为新移民，希望能将自己的经历体会说出来，与大家分享。

链接2：小留学生问题杂谈

寇文纲

我在加拿大生活了近二十年，孩子也曾经在加拿大读中学，读大学，也经常耳闻目睹一些国内出来的"小留学生"的一些趣闻逸事。早就想写一些东西，给国内的同胞们作参考，但迟迟没有动笔。2007年12月18日，在互联网百度搜索上，我键入"中国小留学生"6个字，找到的相关网页超过30万篇，第一页上搜索出的好几个网页的标题或内容就让人颇感吃惊：什么"中国小留学生海外生存悲歌"，"中国小

加拿大的教育

留学生同居率高达80%","小留学生问题登堂入室,杀奔加拿大华人社会来了",等等。有人不禁要问,小留学生究竟存在着哪些问题?我在此想发表一些我自己的观点和看法,希望能够对大家有所帮助。

"小留学生"一般指在中国没有读过大学甚至还没有读完中学,年龄较小(一般在20岁以下),依靠家庭的经济支持出国读书的孩子们。多数学生家境宽裕,他们中间有的是到加拿大读中学的,有的在国内读完了高中,离开父母到国外上一年或者两年的预科或语言学校,然后再申请就读当地大学,他们是留学生中的一个比较特殊的群体。

小留学生出国比较早,应该说有好处也有坏处。由于年龄偏小,他们对语言的适应能力比成年人更强一些,如果学习得法,能够尽快地掌握较地道的外语。由于及早地离开了父母,可能会使一些人的独立性大大增强,能够及早地成熟起来。大部分小留学生背负着父母对他们的期望,能够珍惜学习机会,对自己的要求也比较严格,达到了学有所成的目的。但是也有一部分小留学生出国以后,出现了这样或那样的问题。虽然出了问题的小留学生不是主流,但为数也不少。所以,还是值得大家充分注意。

说到"出问题",每个人的理解会很不一样。一些人认为不正常的事情,另外一些人可能认为很正常。所以,有必要把"出问题"定义清楚。本文说的出问题,是指:

- 没有按照计划和标准完成学业。
- 影响了身心健康。
- 道德品质出现严重滑坡,思想及行为不被社会所接受。
- 触犯了刑律。

根据以上定义,我总结小留学生问题主要有以下几个方面。

1. 文化冲击问题

文化冲击指的是小留学生们突然到了陌生环境,远离了亲人,远离了自己从小就熟悉的生活和文化环境,在异国漂泊的小留学生们常常会感到不适应,孤独寂寞。出去后,以前从来没有考虑过的问题像潮水一样涌了过来:交通、住宿、购物、洗衣做饭、银行开户、入学手续等打得他们措手不及。更不用提孤独、语言障碍、文化差异、安全保障、犯罪及男女感情等问题。不少留学生感受最深也最难熬

移民留学专家导航

的，是初来乍到的日子。几天之内，真的是从一个世界到了另一个世界，以前由父母来办的事情，现在都要自己办，自己租房子，自己装电话，自己交学费；很多事情都不懂，什么都要问人，甚至没有人问。

与当地人交朋友也存在问题。见面只是打个招呼，想有更深的交往很难。就是与在当地出生的华裔子女交往，也存在着很大距离。西方人交朋友，是看你有没有好的口才，有没有共同语言，有没有社交和活动能力，有没有幽默感。但这些恐怕不是一日之功。没有朋友，会有被遗弃的感觉。外表漂亮的女孩子容易交朋友，但又有危险。远离父母亲人，得不到同龄人的认可，心中的苦楚可想而知。

这种冲击对一些小留学生的心理影响是巨大的。一些人会产生"自闭"现象——不愿意与人交往，又没有足够的忍耐力抵抗这种孤独寂寞。严重时会出现忧郁症。为了寻求慰藉，赶走孤单，不少小留学生匆匆开始了同居生活，而这种同居生活往往是对父母隐瞒的。当然，有些人辩称说同居是他们的权利和选择，他们没有妨害其他人，别人不应该干涉。但问题是，小留学生同居现象的很多后果令人担忧。因为同居双方一旦感情出现危机，随之而来的不仅是学习上的压力，生活上和精神上的压力都会对他们的心灵产生不可估量的创伤。一旦影响了学业，还会造成恶性循环。

还有一些女学生看到自己靠读书难以实现绿卡梦，或感到生活太艰难（不仅仅是物质上的），就想走捷径与当地人恋爱同居，误以为有了这层关系就能结婚、定居或有了保障，结果上当受骗的不在少数。

2. 世界观不成熟、是非观念不强的问题

小留学生出国留学之时往往尚未成年或刚刚成年，心智尚不成熟，世界观还没有成型。如果缺乏正确的引导和适当的约束，就可能走入歧途。

由于年龄小，对很多东西没有正确的是非观念。在西方社会，也有正派人和社会渣滓之分。正派人是大多数，社会渣滓是极少数。但在他们眼里，对很多正派人、品德高尚之人的言行视而不见，却对社会里的下九流、污秽成分奉为至宝，当成时尚。他们喜欢把自己的头发染得花花绿绿；男孩子戴耳环、穿耳钉（甚至鼻钉、舌钉、脸钉、肚钉）。有的一只耳朵上穿三四个孔，挂满铁环，有的把头发做得怪里怪气或鬼里鬼气，有的花钱文身，把自己打扮成了怪物。有的女孩子穿衣故意露胸、露臀，不但不以为耻，反而得意，觉得自己很"性感"。甚至他们中的一些人经常聚在一起泡酒吧、泡迪厅，吃摇头丸等软性毒品。他们误以为这是西方人的时尚。实际上，西方的大多数人对这些东西并不认同，但他们的不认同与中国人的不认同又不太一样。中国人是不了解也不认同，西方人大多数成长过程中都接触过这些东西，只是大多数人成熟以后不会再盲目模仿这些行为。

其实，如果留学生有正确的是非观念，这些负面的东西不会对他们的生活有太大影响。留学生应该注意要与当地的正派人多接触，学习当地人一些好的东西。例如，勤奋、敬业、礼貌、尊重弱势群体、遵守社会公德、有守法意识等。

3. 自律问题

中国国内的大学有辅导员制度，对于开始独立生活的大学生来说，辅导员在一定程度上起到了中学班主任的作用；国外的大学（包括预科班）没有辅导员制度，所以学校对本科生在学习以外的管理非常少。小留学生们只身生活在异国他乡，父母不在身边，又没有了老师的监督，良好的经济条件让他们觉得前途无忧，一些没

有自制力的学生就开始放纵自己,不珍惜自己的留学机会,没有努力学习的精神,只是在一天天地混日子。

由于环境的突变,加之缺乏自律能力,部分人犹如脱缰的野马,开始放松对自己的要求,浑浑噩噩地生活在加拿大。不少人自律能力很差,根本控制不了自己的行为。夜里玩游戏、看影碟,白天不起床;每天三餐减为一餐;天天下馆子,十天半月不上课,偶尔上一次课也是在课上睡大觉,这种现象在部分小留学生当中相当盛行。

有的人花钱请人代做作业,甚至代替考试。我朋友的上大学一年级的孩子说,他给国内来的一位同学写小论文,篇幅大概有4,000单词,他可以挣150加元。而当地学生不是这样的。并且说,有些中国小留学生已经成了特殊的一族。

在学习方面,有为数不少的小留学生们一直没有走入正轨。有的人一直在语言学校里学语言,从这个语言学校转到另外一个语言学校,语言就是过不了关。开始时签证还可以延期,到最后,移民官都不接受这种延期申请了。等到签证到期,就只好回国了。有人观察到,一个从国内来的男生,在加拿大留学期间一直都沉溺于玩车、打电子游戏和泡吧喝酒,读了四五年的语言学校,仍然没有学好英语,以至于没有任何一所大学愿意录取他。据有人统计,像这样依靠父母,荒废学业而游戏人生的小留学生大约占所有去加拿大留学的小留学生的30%左右。

4. 与父母交流障碍的问题

小留学生正处在青春期或青年早期,独立性逐渐形成。在这个年龄段,容易产生逆反心理。双方的沟通时常会出现问题,尤其是孩子远走高飞,分别生活在两个遥远的国家,父母鞭长莫及,两代人的交流沟通就更容易出现障碍。小留学生们很容易向家里隐瞒自己的真实情况,往往父母担心的就是孩子正在做的,比如生活不规律、逃课、男女生临时性同居、交不三不四的朋友等。有的孩子有目的地躲避家里人的追踪,甚至同学也出于"义气"帮助欺骗家长,与父母"捉迷藏"。如果父母在身边,每天放学回家,家长也可以通过学校了解学生情况,情况会好得多。

实际上,加拿大的教育系统是基于家庭和学校的"两条腿"支撑的(尤其是在中小学阶段)。仅仅依靠学校的教育是有缺憾的。所以,学校设有和家长交流的平台,如家长会等。一旦学生有了问题,学校也会与家长商量。通过翻译,家长即使不懂英语也不成问题。很多中小学校有专职的心理咨询员。但即使是这样,也经常

第12章
加拿大的教育

需要家长的参与和授权。未成年人在加拿大上学，如果父母都不在身边，法律上要求有监护人。可问题是，监护人的要求是最基本的要求，他只是负责保障某些时间里学生的人身安全问题，往往解决不了学生的思想问题、感情问题。即使是最重视学生生活与成长的寄宿学校也不能代替家长的职能。在寄宿学校里读书的孩子，周末回家和家长的交流，也是极为重要的。如此重要的家长问题，却常常不被大家所认识。这是许多父母错误行为的开端。

5. 生活奢侈和攀比问题

中国的小留学生基本上都是独生子女，很多人在家里时娇生惯养，过着衣来伸手、饭来张口的生活。优越的家庭条件使一些小留学生们养成了一切依赖父母的不良生活习惯。当他们只身一人来到国外留学时，其心理、性格等方面的弱点就显现出来了。他们虽然形式上已经独立，但经济上却完全依靠父母。学费和生活费都由国内汇来，这种没有经济压力的生活和"大"留学生们那种除学习以外还要为生存奔波打工相比，真是有天壤之别。可能是一切都来得太容易了，一些小留学生每当收到父母汇来的钱后连饭都懒得做，或者下馆子，或者买一堆最贵的食物吃。平常吃不完的东西统统倒掉，从来不吃剩饭菜。穿必名牌，用必高档。

移民留学专家导航

由于小留学生们的世界观尚未成型,衍生出了另一个问题——在物质上盲目攀比。一些孩子为了在同伴中突出自己,就炫耀财富,斗富比阔,常常出入高级场所,频频更换高档豪华轿车,一部分人甚至光顾赌场,两三个月挥霍几十万元的事情也有所耳闻。这些高调露财的小留学生容易引起心怀巨测的人"关注",成为坏人劫财的目标,会无形中增加自己的人身风险。如果攀比之风日盛,一些无法靠家庭满足其对金钱的过度需求,又克服不了对物质的欲望,或是不愿在朋友面前丢脸的人,很可能就会铤而走险,向身边的有钱人下手,走上犯罪道路。

当然,也有的小留学生省吃俭用,连上学用的书都是二手的,读完再卖了。还想方设法去打工。打工不但能够部分自立,还在生活上,思想意识上得到了锻炼。但要求大家都能够做到这些,根本就不现实。

6. 犯罪问题

在小留学生中,甚至还有极少数人走上了犯罪的道路。据报道,在新西兰发生过一起中国留学生绑架案,绑人者和被绑者不但是同学,在国内两家还是邻居。据不完全统计,2003年新西兰发生过21起亚裔留学生绑架案,其中多数是中国留学生。澳大利亚悉尼市唐人街上老字号"得记烧腊"的老板周启泉曾被3名持刀男子劫持,向其家人索要60万澳元的赎金,声称得不到赎金就撕票。幸亏2天后,人质被当地警方安全解救。令人震惊的是,涉案的5人都是来自内地的留学生,小的年仅17岁,年龄最大的"大姐"也不过22岁。在加拿大,类似的事件也时有传闻。2001年5月,多伦多五湖学院董事长被绑架。家属被勒索10万加元,结果董事长在车厢里被闷死。经查,是小留学生结伙绑票凶杀。2003年年底,多伦多有个9岁华裔女童张东岳在家中离奇失踪。事发之后,加拿大皇家骑警在整个多伦多市到处张贴告示,寻找张东岳。后来找到了女童的遗骸,2004年,皇家骑警逮捕了该案的一名疑犯——来自于上海的小留学生陈敏。经查,其作案动机竟然是为了绑架勒索钱财,由于怕暴露,导致最后撕票。陈敏被判终身监禁。此事件在多伦多多次见报,几乎家喻户晓。这种中国人在海外"窝里反"的行为很给中国人丢脸。普通的中国人与当地人一旦谈起这些事情,都感到非常没面子。

那么,这些问题的根源是什么呢?其实,与其怪罪孩子,不如怪罪师长。很多时候,出国与否的决定权并不在孩子本身。本人尝试着对问题发生的原因总结如下:

·盲目出国留学,对外界情况了解少,家长对孩子留学准备不足。

加拿大的教育

·缺乏对孩子留学的适宜性评估。不是每个孩子都适合留学的,也不是随时都能够留学的。有时是家长对孩子有不切实际的期望,有时是由于家长的虚荣,做出了不谨慎的决定。

·孩子没有准备好。孩子在思想意识上没有准备好去独立奋斗,在将来会遇到的问题和困难也完全没有思想准备。

·家长认为孩子就不能吃苦,认为娇惯很正常,大笔汇款,名车名牌,起了推波助澜的作用。

由此,我提出几点建议,作为解决问题的办法:

首先,对于年龄过小的孩子,家长对孩子的特点和现状应该做一些分析。是否留学,要因人、因时而异。最好多了解一些留学方面的信息,分析一下利弊。其次,如果真的已经决定了要去留学,一定要做好充分的准备。不但要让孩子在学业上做好准备,还要在语言能力、心理上都有了充分的准备,才可以付诸行动。孩子在国内时,父母就应该帮助他们尽早自立。培养他们的自制、自律的能力。要让他们具备分辨是非的标准,对不好的东西要有抵抗力。再一种变通办法就是稍晚再出去。能够在中国念不错的中学,甚至本科,也不失为稳妥选择。成熟了以后再出去留学会稳妥得多。另外的一个办法就是,孩子出去留学,父母中的一人去陪读。除了观察、照顾孩子,还能够增进感情。当然,家长如果能够陪伴孩子,绝对不要把好事变成坏事。就是说,即使陪伴孩子,也不能让孩子得到更多的娇惯。孩子应该自己做家务、做饭、生活自理。当然,家长应该与孩子保持一个良好的沟通,不要太唠叨,使孩子同自己逐渐疏远。

我本人是反对概念化、一刀切的。以上虽然本人以非常尖锐的口吻谈了许多"问题",但本人并不是完全反对孩子较早地离开父母出国留学。不能对"小留学生"一味否定。确实也有很多非常优秀的小留学生,无论是在学习上,还是在自我生存能力、与社会交往能力方面都取得了长足的进步和骄人的成绩。但毕竟有相当一部分孩子出了这样或那样的问题,甚至有些人问题还比较严重。我的观点是,在决定是否把孩子送出去读书之前,要把好的、坏的方方面面都了解、分析清楚,对许多事情做好充分准备。尤其是孩子的心理准备,是极其重要的。从另一个角度来看,如果对可能发生的不利情况有了充分的认识和防范,将来出去以后发生问题的几率就会大大减少了。如果能达到这样的效果,我写的这篇文字也就达到了目的。

希望大家的孩子都能够顺利成长!

第13章 留学北美

一 美国高等教育

美国和加拿大的高等教育在特点、水平、教育制度方面都极为相似。只不过美国的大学数量比加拿大多很多。加拿大有近百所大学，美国四年制大学有2,300多所。加、美都属于世界上教育质量最高的国家之列，有很多举世闻名的大学。因上一章我们已经介绍了加拿大高等教育的情况，现简要说一下美国的大学。

根据英国《泰晤士高等教育》2011年的世界大学排名，排名前10名中有6所美国大学。英国《经济学家》周刊2005年刊载的一篇文章显示，目前，美国的大学汇集了世界上70％的诺贝尔奖获得者；全球大约30％的科学和工程类论文、44％经常被引用的论文，都出自美国的大学。名校校园里，常常能见到很多获得诺贝尔奖或其他各方面研究成果奖的教授。在美国，有高等教育背景的人口比例高于世界其他国家。美国先进的教育水平是其经济发达与科技领先的重要保障。

在美国上大学的费用高昂，但美国高等学校通过多种途径为大学生提供各类经济资助，如奖学金、助学金、校内长期低息贷款、短期贷款、校外长期低息贷款、联邦政府勤工俭学计划、学校内外兼职工作和打工等。但外国留学生获得经济资助的机会要比美国学生少得多。

移民留学专家导航

现在，每年都有来自全世界200多个国家超过45万的留学生到美国接受高等教育，其中有半数攻读本科，其余的读研究生或者职业课程。45万的留学生中有5%来自非洲，58%来自亚洲，14%来自欧洲，10%来自拉美，7%来自中东，还有5%来自加拿大，从国家来看则是日本和中国比例最大，均为8%。

美国高等院校包括公立与私立两种。全美50个州中，每个州都有由州政府或当地出资创办的公立大学，虽然经费来源与私立大学不同，但学制和课程设置并无多少差别。

美国高等学校实行学分制。教师在每学期开始时给学生布置大量的阅读书目和材料，培养学生自学和学术研究能力，在此基础上完成课程论文，得到学分。学生平均每学期能修满16~18个学分，四年制的本科生要想获得学士学位，必须按规定修满120~128个学分，通过考试和撰写学位论文，合格后才能获得学位。

美国大学目前实行准学士、学士、硕士和博士4级学位制。由于准学士学位只是读完2年社区学院的资格证明，不是攻读学士学位的必经阶段，因此美国的学位制实际上还是学士、硕士和博士3级水平结构。按学位性质，一般可分为学术（研究）学位和专业（专科）学位两种。硕士学位分为两种：写论文的和不写论文的，不撰写论文的硕士学位对学分有更高的要求，同时还要进行口试和笔试。博士研究生由几名专家和教授组成的指导小组负责具体指导，专业考试合格，通过博士论文答辩后获得学位。攻读硕士学位通常为2~3年，攻读博士学位为2~4年。美国大学还向对社会有杰出贡献的人颁发荣誉学位，但这种荣誉学位只具有象征意义，不代表获得者的学术水平。

美国高等院校实行3种学期制：2学期制、3学期制和学季制，一学年通常约为34周，8月底或9月初开课，次年5月或8月结束。

二　中国教育部认可的美、加学校

钱钟书先生的小说《围城》，写的是中国20世纪三四十年代的事情，书中的方鸿渐旅欧4年，一事无成，于是花钱从纽约买了一个"克莱登大学"的哲学博士学位，当时确确实实也糊弄了不少人。可是在信息高度发达的今天，如果有谁到类似"克莱登大学"这样的国外野鸡大学学习，就没有方鸿渐那么幸运了，他除了损失大量的时间和金钱外，还会败坏自己的声名。

中国学生选择国外就读的学校，应当选择中国教育部认可的学校，截至2011年9月21日，教育部通过教育部教育涉外监管信息网（www.jsj.edu.cn）已公布33个国家1万多所学校名单，基本涵盖了我国公民主要留学目的地国。其中，美国学校名单网址为：www.jsj.edu.cn/index.php/default/index/sort/12019；加拿大学校名单网址为：www.jsj.edu.cn/index.php/default/index/sort/12036。

三　选择就读大学

由于大学排名是不同机构采用不同统计信息做出的，也由于采用的很多指标和参考数据（学校规模、专业设置的数量、研究生数量、研究成果、甚至诺贝尔奖等）不见得都与你读书的期望目标紧密相连。所以，大学排名具有一定参考意义，但不是绝对的。

选择大学可以考虑大学排名，但不要盲目地、过度地依赖排名，受它太大的影响。要知道不同专业也有排行榜，而这个可能更有参考价值。选择大学应该坚持这样的信念：适合自己的大学就是好大学。很多中国人选择留学学校时存在一个误区——首先选择综合排名较前的院校，其实这种做法并不理性。综合实力很强的学校也并非所有的专业都名列前茅，综合实力不强的学校并不意味着没有好的专业。因此，先选定专业，然后再考虑在相关专业教育领域有优势的院校，才是较为明智的做法。

另外，一流大学要求高，淘汰率也会高，学费也贵得多。而作为综合类和基础类的大学一般都注重于本科阶段，很多大学教学质量也是不错的。小学校、大院校都各有所长。规模小的学校，班级人数少，有更多机会与教授、学生交流，而在多伦多大学这样名牌的高校则很难做到这一点。所以，选择大学也要讲究"性能价格比"。事实上，中国留学生进入一流名牌大学的人在总人数中还是少数。

还有，选择大学和大学选择考生是双向的。一定要充分考虑自身的条件。好大学对申请人的学业成绩、英语成绩等要求也高，竞争也相对激烈。实事求是地考虑问题才是有意义的。

1. 美国大学排名

美国有多个民间机构对大学进行排名，如《美国新闻和世界报道》（US News

移民留学专家导航

and World Report)、《普林斯顿评论》(The Princeton Review)、《商业周刊》(Business Week)、《华尔街日报》(Wall Street Journal)等，其中最有影响力的就是由《美国新闻和世界报道》在每年8月发布的美国大学排名。查看美国大学排名请登陆http://www.gotocanada.com.cn

大学篮球的商业氛围也很浓厚

2. 加拿大大学排名

加拿大政府认可的高等教育机构主要分为大学和学院。绝大多数大学都是公立的。全都经过政府的严格规范、鉴定及审核，其教育水平处于世界高水准之列。在加拿大攻读本科一般需要3~4年时间，硕士研究生需要1~2年，博士研究生需要3年。各类学院侧重培养应用型专业技术人才，一般提供大专文凭和各种证书课程，学制2~3年，不颁发学位；部分学校也开设学制1~2年的课程，完成学业后可转入正规大学二、三年级继续攻读本科课程。

加拿大大学，各有所长，有的拥有强大的科研力量，有的擅长基础教育。加拿

毕业典礼即将举行

大的麦可林杂志（MaClean's）每年都对全加拿大的大学进行评比，根据多项指标对这些大学进行了排名。

加拿大大学大致可划分为3类：

医学博士类大学（Medical Doctoral Universities）指广泛开设博士学习课程和研究项目并设有医学院的大学；

综合大学（Comprehensive Universities）指进行多种本科和研究生水平的学术研究，并颁授专业学位至研究院程度的大学；

基础大学（Primarily Undergraduate Universities）指着重于本科教育，进行相对较少的研究生项目的大学。

医博类的学校一般规模比较大，历史悠久，30%以上专业设置博士学位，有自己独立的医学院。综合类大学里没有自己独立的医学院，有一些是二战后新兴的大学，但是由于他们在某些专业方面的突出成就，也享有很高的知名度。比如加拿大计算机专业最有名的滑铁卢大学就属于综合类大学。所以不能简单地去说哪类大学更好，这取决于你要就读的专业。

2010年加拿大大学排名
博士医学类大学

2010年排名	2009年排名	2008年排名	加拿大大学	所在城市、省份
1	1	1	McGill/麦吉尔大学	Montreal, Quebec
2	2	2	Queen's/女王大学	Kingston, Ontario
3	2	2	Toronto/多伦多大学	Toronto, Ontario
4	4	4	UBC/英属哥伦比亚大学	Vancouver, British Columbia
5	5	5	Alberta/艾尔伯塔大学	Edmonton, Alberta
6	6	6	McMaster/麦克马斯特大学	Hamilton, Ontario
7	7	7	Calgary/卡尔加里大学	Calgary, Alberta
7	8	8	Dalhousie/戴尔豪斯大学	Halifax, Nova Scotia
9	10	9	Saskatchewan/萨省大学	Saskatoon, Saskatchewan
9	10	10	Ottawa/渥太华大学	Ottawa, Ontario
9	10	10	Western/西安大略大学	London, Ontario
12	12	12	Laval/拉瓦尔大学	Quebec City, Quebec
13	13	13	Montreal/蒙特利尔大学	Montreal, Quebec
13	14	14	Sherbrook/谢布克大学	Sherbrooke, Quebec
15	15	15	Manitoba/曼尼托巴大学	Winnipeg, Manitoba

移民留学专家导航

综合大学排名

2010年排名	2009年排名	2008年排名	加拿大大学	所在城市、省份
1	1	1	Simon Fraser/西蒙菲莎大学	Burnaby, British Columbia
2	1	2	Victoria/维多利亚大学	Victoria, British Columbia
3	3	3	Waterloo/滑铁卢大学	Waterloo, Ontario
4	4	4	Guelph/圭尔夫大学	Guelph, Ontario
5	5	5	Memorial/纪念大学	St. John's, Newfoundland
6	5	5	New Brunswick/新布伦瑞克大学	Fredericton, New Brunswick
7	7	7	Carleton/卡尔顿大学	Ottawa, Ontario
8	8	8	Windsor/温莎大学	Windsor, Ontario
9	9	8	Regina/里贾纳大学	Regina, Saskatchewan
9	9	9	York/约克大学	Toronto, Canada
11	11	11	Concordia/康卡迪亚大学	Montreal, Quebec

基础大学排名

2010年排名	2009年排名	2008年排名	加拿大大学	所在城市、省份
1	1	1	Mount Allison/蒙特艾利森大学	Sackville, New Brunswick
2	2	3	Acadia/阿卡迪亚大学	Wolfville, Nova Scotia
3	3	2	UNBC/北英属哥伦比亚大学	Prince George, British Columbia
4	4	4	St. Francis Xavier/圣弗朗西斯泽维尔大学	Antigonish, Nova Scotia
4	4	5	Wilfrid Laurier/劳里埃大学	Waterloo, Ontario
6	6	7	Lethbridge/莱斯布里奇大学	Lethbridge, Alberta
7	7	6	Trent/川特大学	Peterborough, Ontario
8	8	7	UPEI/爱德华王子岛大学	Charlottetown, Prince Edward Island
8	8	9	Winnipeg/温尼伯大学	Winnipeg, Manitoba
8	8	10	Saint Mary's/圣玛丽大学	Halifax, Nova Scotia
11	11	17	Bishop's/主教大学	Sherbrooke, Quebec

3. 选择专业

申请人应该对自己的背景、长处和兴趣进行分析，寻找适合自己发展的专业，同时也要考虑社会发展的需要，必要时可以向资深人士进行请教。不要随大流，赶时髦，也不要盲目地追求"高、精、尖"。

选择专业切忌盲目追捧"热门"，因为冷门、热门都是一个暂时性的概念。IT、金融等专业虽然热门，但入学竞争激烈也导致门槛不断提高。当IT公司比比皆是时，则已是市场饱和，人才饱和，身价大跌。因此，选专业应该有长远的目光。

　　杨振宁教授曾经在麦吉尔大学有过一次谈话（笔者在场），对留学生选专业问题做过分析。他认为，大学或研究生期间选择专业不能只凭兴趣或冲动，申请的专业最好和将来要从事的职业相吻合。只有极少数的具有相当天赋和坚实基础，并且真心喜欢科研的人选择纯理论研究才有希望，大多数人应该选择较实用的学科。有些学科，如物理学的发展已经很成熟，非常不容易出成果。选择理论性太强的专业，已经不是走独木桥了，而是走钢丝，只适合极少数人。

　　当然，如果毕业后愿意作教师，读理论性的专业也可以，但还需要进修教育学，获得教师资格。所以，一方面要根据自己的特点来"自己设计自己"，另一方面，要切实地分析社会需求和发展变化的情况，根据需要来"让社会设计自己"。

　　选择专业一定要充分理解此专业到底是怎么回事，到底将来要做什么性质的工作。不少学生喜欢选择金融学、经济学、计算机科学之类覆盖面非常大的专业，其实，此类专业偏重于理论研究，一般不具有很强的应用性和操作性，毕业生的就业面反而较窄。相反，一些细分型、交叉型、实用型专业却在就业时有极大的优势。比如你学习经济方面的课程，你可以选择"市场营销"或"房地产"等。

　　有些学习领域要求学生形成多元素的知识结构，如管理专业、咨询业及法律专业等。学MBA的人，本科时最好是学其他学科的，还要加上实践经验。这种"改行"有时是必要的。如果本科就学习管理学，似乎有很大的缺陷。

　　当然，如果发现原来的选择是错的还可以重新选择。西方国家大学课程设置都比较灵活，学习中途转专业的情况也屡见不鲜。有些情况下，工作时虽然没有从事学习的专业，但由于教育过程提高了人的综合素质，也能够做得很好，有时转行业的人甚至可以做得更好。但最好是经过自己设计的，或在变化中及时调整的结果。毕竟不能盲目指望这种"歪打正着"，还是应该在开始时慎重考虑为好。

四　如何申请美、加大学

1. 要及早做准备

　　申请前一两年就应该通过各种途径了解大学的信息。根据申请者自身的能力、经济实力、拟学专业，在中国教育部认可的学校中，有针对性地选取15～20所大学

里贾那大学

的进行深入了解，从中筛选出10所左右的学校作为申请的目标。

申请留学的过程比较漫长。一般国际学生选择在秋季学期入学（9月初）。那么，你至少需要提前一年的时间作准备。目前了解加拿大大学的最佳方法就是登录学校网站，这样可以了解拟留学大学的最新资料。现在一般学校都接受网上申请。

有些学校在冬季学期也可以录取国际学生（冬季入学人数很少），并且通常没有考虑奖学金的可能性。

留学美、加，选择一个适合自己的专业和学校是至关重要的一步。成功地迈出这第一步，就能避免走弯路，为以后的留学生涯奠定良好的基础。

2. 准备参加语言考试

申请者要在申请前合适的时间参加相关考试（因为考试成绩有一定的有效期，例如托福、雅思为2年，GRE为5年）。开始准备考试的时间要比参加考试的时间还要再提前（根据自己的英语水平而定）。高中生读本科要参加SAT（一般美国大学需要，加拿大大学不需要）及TOEFL/ IELTS考试，准备读研究生的要参加TOEFL / IELTS / GRE或GMAT等相关考试。自2006年9月起，托福考试的计分方式有了重大修改,现行的网考托福成绩满分为120分,分为口语、听力、阅读和写作四部分,各部分满分为30分。绝大多数北美高校对托福总分的入学分数要求在80分到95分之间,相当于笔考老托福的550分到587分之间,如果要申请奖学金的话,托福成绩还要求更高一些。虽然网考托福的考试难度有所增加,但是北美各高校的录取分数线也有了不同程度的降低。现在,不少北美大学也认可雅思考试成绩,申请者可以根据所报考的学校要求准备。使用法语者,需通过相关的法语测试。注意,要给自己留出重考的时间,千万不要因为上述考试的合格成绩来的过晚而影响申请学校。

准备考试时,不要仅仅为了拿高分,同时应该真真正正提高自己的英语水平。不要寄希望于到了那种"语言环境"再提高语言能力。因为,一旦你进入学习,你会感到远水解不了近渴;紧张的学习会让你乱了方寸。虽然说本科生英语要求比研究生低一些,但是,本科生上课时实际使用的语言水平并不低。因为本科生除了听课外还要参加考试,考试一般有时间限制。如果语言能力达不到相当的水平,即使已经掌握了所学知识,也很难考出好成绩,甚至不及格。研究生一般不采用限定时间闭卷考试的方法,而是阶段性地写小论文(papers),虽然学术难度不低,但可以在时间上打些折扣,有些中国留学生读研开夜车也能顺利完成任务。

很多学校都为国际学生提供"双录取"(有条件的录取),学生在无托福或雅思等语言成绩的情况下,先到大学里的语言中心进行语言学习,达到专业入学要求后即可进入专业课程的学习。

五 留学费用

在北美读大学需要多少钱?一般说来,需根据就读学校和所学专业决定。加拿大留学费用历来是英语国家中较低的。国际学生平均一年的留学费用在2万~2.5万加元左右。在中西部省份如曼尼托巴和萨斯喀彻温省,学费和生活费都较低。

2010~2011学年,美国的私立斯坦福大学和马萨诸塞州理工学院的学费加住宿费分别比上一学年上涨了3.5%和3.8%,达到50,576和50,446美圆。公立大学也不便宜,以加利福尼亚州为例,加州大学系统的学费2009~2010年比前一年提高了32%,达到10,302美圆,是10年前的3倍,2010~2011学年又提高了10%。国际学生攻读本科的年费用普遍都在4.4万~5万美圆之间,许多大学一年的读书费用已突破5万美圆大

移民留学专家导航

关。几年前,一个人留学美国四年需要花费60万~80万元人民币,但是现在则需要100万~140万元人民币或更高。

一般美国大学的学费在一年年的增长,很多名校即使在得到更多筹款的情况下还在提高学费。美国留学读书费用持续攀升的原因主要有三:

一是美国联邦和各州政府由于经济不景气纷纷削减教育经费的投入,各大学只好提高学费来弥补资金的不足。二是大学自身开销有所增加。美国的不少院校为了与英国、澳大利亚等国家竞争,吸引中国生源,纷纷加大了在宣传方面的投入。以旧金山州立大学为例,该校每年要来中国做四五次招生宣传,除了参加大型教育展,还要举办自己的招生说明会;而杜兰大学也开始有了中文宣传册、中文网站;还有的院校在华设立代表处招生。这些举措无疑增加了学校的支出。三是通货膨胀,物价上涨。此外,各校还要在基础设施上投入巨资,以吸引一流的教职员工和优秀学生。更面临着诸如提高员工医疗和福利等的压力。虽然美国留学学费上涨,但是由于近年来中国经济快速增长,国民收入大幅提高,所以,从整体上看留学美国的人数仍然在增加。

需要说明的是,尽管美国大学的学杂费用普遍上涨,但涨幅较大的学校大多集中在美国消费水平较高的东西海岸的私立学校。美国中部的一些公立院校,全部的学杂费用虽然也有所上涨,仍然只在每年2.5万~2.9万美圆的水平。有的院校国际生的收费甚至还低于当地学生。例如俄亥俄州的提芬大学(Tiffin University),国际生的全部学费加上生活费每年只需要2万余美圆。对于一些家庭经济稍差的学生来说,还可以选择这类院校就读。

与美国的学费相比,加拿大同等质量的学校,费用普遍要低一些。

先看学费:加拿大各地区的学费标准各不相同,安大略省、哥伦比亚省较高,超过1万加元,魁北克省较低。从目前的情况看,国际学生就读工程、电脑、建筑、林业、健康科学等专业的大学课程,每年需支付1.3万加元以上的学费;社会工作、电讯科学等专业,每年为1.1万加元;文理学院与音乐专业的学费最便宜,每年约需1万加元;药学专业最贵,已涨至1.8万加元。

研究生课程的学费平均为每年1.3万加元,MBA的学费则高达2.4万加元,医科与牙科均超过2.8万加元,博士研究生的学费约为每年2万加元。

再看生活费:一个留学生在加拿大一年的生活费平均费用约为9,000加元。其中,书本、文具费每年约700加元,日常生活费如交通、通信、娱乐、洗衣等一般一

在不列颠哥伦比亚大学的校园，可以远眺山与海

年约需800加元。学生若住在学校包一日三餐，住宿及伙食费每年需6,000～7,000加元；若在校外与人合住，则可节省至少1,000加元。此外，留学生还需交纳保健费、医疗保险费等，每年约为1,500加元。

加拿大也有很多世界闻名的大学和专业。比如滑铁卢大学的计算机工程（Computer Engineering）是全北美名列前茅的专业，它的很多学生在大学二年级时就被众多世界知名公司抢购一空，而学费和住宿费总计只有30,000加元，这比好多二流的美国学校还便宜！

综合来看，在加拿大留学，每年的留学费用一般需2万～2.5万加元，按2011年9月的汇率计算，相当于人民币12.4万～15.5万元。而在美国的公立大学读学士学位要比在加拿大贵出大约三分之一，美国的私立大学的费用比加拿大要贵出一倍以上。再加上加拿大的生活费用较为低廉，留学加拿大所需的费用远低于美国。

六　美、加院校奖学金的申请

美、加院校的奖学金种类繁多，金额从500美圆到几万美圆不等，大部分只提供给本国公民和移民，供给国际学生的奖学金相对很少。外国留学生要争取奖学金要困难得多。而那些除了免学费还提供生活费用的奖学金更是屈指可数。同时，本科

移民留学专家导航

生的奖学金数量要远远少于研究生的奖学金。

美、加高校奖学金可以分为非服务性奖学金（Non-Service Scholarship）和服务性奖学金（Service Assistantship）。前者纯属白给的钱，不需要付出，而后者（主要给研究生）则需要以工作来交换，如TA（teaching assistant），RA（research assistant）工作。虽然并非所有学院的此类资助都能覆盖学生一年中的全部费用，但多数都在全部金额的2/3以上。若注意申请技巧与方法，拿到全奖也是可能的。

外国留学生就读不同专业，申请奖学金的可能性差别很大。热门专业奖学金少，申请的要求也高出很多。不但需要申请者成绩好，有科研成果，英语好，还要求综合素质高等等；而冷门专业，可能只需要具备其中的一两个条件就能顺利申请到奖学金。美国《时代周刊》和《新闻报道》公布过2004年美国大学（加拿大也一样）奖学金竞争难易程度的调查报告。报告显示：

🍁 竞争最激烈的专业为：工商行政管理学、牙医学、法律学、外科医学、市场营销学、金融学、美术与表演艺术等。

🍁 竞争较激烈的专业为：计算机科学与工程、电子工程、材料科学、信息科学、自动控制、智能化技术、航空航天技术、人工智能与认知科学、管理工程、心理学、内科医学、临床医学、市场经济学、食品科学等。

🍁 竞争性一般的专业为：系统科学、运筹学、建筑工程、机械工程、生物医学工程、船舶工程、动力工程、环境工程、电力工程、激光技术、化工技术、分子遗传学、生物化学、免疫学、药物学、脑神经科学、犯罪心理学、比较文学、美国历史、政治学、社会学等。

🍁 竞争较弱的专业为：数学、统计学、普通物理学、高能物理学、基础化学、天文学、地理学、地质工程、生理学、海洋生物学、动物学、植物学、农业科学、哲学、教育学、欧洲历史、印第安人历史、人类学、考古学、非洲历史等。

当然，专业奖学金申请难易程度并不是绝对的。对于中国学生来说，如果在大学所学专业属于竞争较激烈的学科范围，申请的时候不要局限于本专业的奖学金，可以改为申请其他与该学科接近的相关专业，例如计算机专业毕业的学生，可申请数学或统计学专业，更容易得到奖学金。

家境一般的学生要成功赴美自费留学，申请奖学金是关键。申请美、加研究生院的奖学金不是件很容易的事。首先语言要达到这些院校的要求。托福网考最好在100分以上，GRE在1,200分以上，雅思6.5分以上，如果是GMAT，最好在600分以上;其次,大学成绩平均分GPA最好在3.0以上;如果已经有论文发表,将有利于申请。

奖学金的申请可以与入学申请同时进行,也可以在入学申请被批准之后进行。有些大学在学生被录取后由所在学院根据学生的学业成绩评定授予,无须专门申请奖学金。只有在被录取之后奖学金才能批准和颁发。

外国人在美、加留学,如果不能获取奖学金、助学金或津贴,那么,自己应该有足够的经济实力。

2006年起,加拿大政府开始有条件地允许外国学生申请每周20小时的校外打工,一般最低时薪是8~10加元。只要学生努力,可以弥补一部分生活费用,减轻一些经济压力。 打工可以作为一种经济上的补充,同时也是一种锻炼。但学习很辛苦,很耗时间,完全靠打工挣出所有上学的开销极不现实,很难能将工作学习二者兼顾。

七 申请材料的准备

美加大学要求的申请材料没有统一要求和规定,每个学校都不一样。要仔细阅读学校的要求,避免失误。但万变不离其宗,主要材料大同小异:

🍁**申请表格**。根据表格内容要求逐项认真填写,不能漏掉项目(如果此项与自己无关,写"N/A"),并要保证书写正确、美观。目前一般为网上申请,上网填写电子表格即可。

🍁**成绩单**。包括高中各学期的各科成绩、会考成绩及高考成绩。读研究生的要原大学出具的历年(按照学期出具的)成绩单。大多数学校要求由原来的母校官方出具中英文成绩单(需签字盖章),并且要求将成绩单装入专用信封,在信封封口处签章,由母校直接寄往所申请的大学。

🍁**英语考试成绩**(TOEFL, IELTS, GRE, GMAT,等等)。 一般的学校都要求考试中心直接把成绩单寄送给校方。你可以附一份成绩单的复印件,同时告知学校,你已经安排了直接寄送之事。

🍁**推荐信**。 一般要求2~3封推荐信,由你原来的老师、系领导或雇主出具。你自己选择合适的推荐人,请他们帮助你写推荐信(reference letter)。你最好能和推荐

人进行深入的沟通，让他们了解你的计划、想法，以及申请学校的要求。让他们认识到他们的帮助对你实现计划的重要性。留给他们充裕的时间来写出囊括你闪光点的推荐信。

推荐信要写得贴切，得体。至于推荐老师是否有名，学术地位如何，倒不是很要紧的。因为，即使是中国的知名教授，又有几个美国老师能够知道和了解他／她呢？推荐人的名字仅仅是一个符号而已。但推荐信的内容如何倒是更重要的。

🍁**个人陈述**（personal statement）是由你自己完成的。这份材料甚至比推荐信更重要，因为其字里行间能够透出你的思想、逻辑、语言表达和某些价值观。个人陈述要组织、表达得充分且贴切，能充分体现自身的优点和才能。比如参加过社会实践活动，有出众的体育（艺术）才能，通过社团活动表现出卓越的领导才能，哪些方面有特殊贡献等等，这对于申请成功至关重要。

🍁**小作文**。有些学校在你递交申请表以后，会要求你按照规定写1～3篇短小的文章。这是申请材料的一个组成部分。这种文章一定要切题，逻辑清晰，思维严谨，语言正规。千万不要写得天花乱坠。

🍁**毕业证书复印件**（一般需要公证）和其他要求的申请材料（照片等）。有些大学要求你的毕业证书复印件要和成绩单一起，由原就读学校直接寄给你申请的学校。所以，一定要按照学校的要求提交材料。

🍁**银行存款证明**。有些学校要求申请材料中包括家长或担保人的银行存款证明。一般是由银行出具的证明信，或者由银行的人在学校提供的表格上填写内容。当然，在中国，银行除了使用自己的标准格式的证明信以外，不会轻易使用别人提供的东西。这时，只要加以说明就可以了。

按照学校要求材料的清单，一一查实材料无误后，你就可以正式递交申请了。现在一般学校都可以网上申请并交纳申请费，其中相当一部分学校还要求同时提交纸质的申请材料。申请材料务必在学校规定的截止日期（deadline）前寄到。如果不申请奖学金，递交申请材料一般可以晚一些。但奖学金申请者务必及早动手，千万不要耽误了时机。

八　签证申请

签证申请是在被大学录取以后才开始的。

留学北美

1.美国留学签证申请流程

在收到美国大学的入学通知书和I-20表以后，就要申请留学签证了。因为美国的签证法规定，签证官不能在学校开课90天之前发放签证，所以学生签证不能在报到时间90天之前申请。

（1）预约签证面谈时间

🍁 到中信银行购买预先付费的加密电话卡或登录签证信息话务中心的网站购买密码，费用为通话12分钟花费54元人民币或通话8分钟花费36元人民币。任何未用完的时间可留待下次使用或转给他人使用。

🍁 致电签证信息话务中心预约签证面谈时间或询问签证问题。请在致电前准备好以下信息：申请人全名、护照号码、身份证号码、联系方式、访美目的、在华常住地以及以前是否被拒签过等。因此发生的所有长途电话费用将由致电者负担，通常30秒内电话即可接通。

签证信息话务中心的电话号码：

从中国致电拨：4008-872-333（全国通用号码）（021）3881-4611（上海本地号码）

从中国国外致电拨：（86-21）3881-4611

工作时间：星期一～星期五 7：00～19：00

星期六 8：00～17：00

每天24小时都提供录音电话签证信息服务。

目前，学生签证的申请费为131美圆。所有申请学生签证的申请人都必须在指定的中信实业银行交纳相应的人民币申请费，中信实业银行的两联收据要和签证申请一起上交美国驻华使馆。需要注意的是，无论签证是否被颁发，这笔费用都是不退还的。签证申请费的有效期为一年，那些交过签证申请费而又没有在收据有效期内递交申请的签证申请人也不能得到退款。

（2）填写签证申请表格

🍁 英文的DS-156电子签证申请表必须网上在线填写。填写完毕后将所有的页数打印出来（包括含

毕业

有条形码的最后一页，共3页），并在签证面谈时递交。

目前，DS-157和DS-158申请表仍为非电子表格，可以从使馆的网站上下载，也可从中信银行各分支行免费领取。

🍁签证申请表上应贴照片。

将一张5厘米×5厘米的彩色照片粘贴在英文的DS-156表上。照片必须是6个月内拍摄的白色背景的正面照。

（3） 前往美国驻华使领馆接受签证面谈

🍁面谈所需材料。

申请人应在面谈当天携带所有签证支持材料。非申请人不能陪同申请人进入签证大厅。签证面谈时，每位申请人都必须单独向签证官说明自己的情况。申请人需要事先做好准备，以便面谈时能够在没有亲属或法律代表陪同的情况下单独向签证官说明自己此次赴美的旅行目的，以及毕业后要回到中国的理由等。唯一例外的是，13岁以下的学生可以有成年亲属陪同。在某些特殊情况下，残疾人可以由人陪同，并将申请人需要有人陪同的申请及原因传真至010-65323178。

🍁面谈前需注意的事项。

第一，到达相应的使领馆后应先在外面排队，在预约时间之前等候大约30分钟。

第二，接受安全检查——不要随身携带任何电子产品，包括手机。也不要携带背包、手提箱、公文包等。申请人只能携带跟签证申请有关的文件。

第三，到指定窗口递交签证申请表和材料，之后等待指纹扫描和签证面谈。等候时间大约为2～3小时。

🍁签证的领取。

如果申请人的签证申请得到批准，签证官会将签证印在申请人的护照上，并在面谈后的5个工作日内将印有签证的护照邮寄给申请人。如需加急服务，申请人也可以选择在面谈之日后的第二个工作日到由朝阳区政府开办的签证服务大厅（紧邻使馆签证处入口）内开设的中国邮局自取签证。某些特殊情况，如申请需要补充支持材料，或需要对申请材料的真实性进行调查等都可能影响到签证申请的审理速度并推迟签发签证的时间。

2. 加拿大留学签证申请流程

一旦接到学校寄至的入学申请书，就可着手签证事宜。

留学北美

先到加拿大驻华使馆网站下载学生签证的相关申请表,根据该表的要求准备资料、填写签证申请表,办理相关手续。

主要的学生签证申请材料清单及资金证明如下:

- 本人有效护照的原件。
- 填写完整的学生签证申请表两份。
- 加拿大学校录取/注册办公室发的录取通知书(学校的通知书或伴随文件应说明你需付学费的确切数额及在校学习的起止日期),需要原件和复印件各一份。
- 由申请人用英文和中文填写的家属表/教育和就业细节表,签名用中文和拼音。
- 一份由申请人父母双方签字并注明日期的家属表/教育和就业细节表。
- 财务情况调查表一份。
- 用英语(或法语)书写的学习计划一份。
- 无犯罪证明的公证件,出生或亲属关系公证。
- 攻读本科需要高中毕业证和成绩单(加盖学校公章)的公证件。
- 如果不满18岁,要提供由你的父母或法定代表人签署的公证后的声明一份,说明在发生紧急事件时,由指定的在加拿大的监护人承担父母的职责;或由一位19岁以上、加拿大公民或永久居民签署的公证后的声明一份,说明愿意代替你的父母承担监护人职责。
- 大学或学院文凭、学位证书、毕业证书的公证件,以及你所在专业的成绩单的公证件。
- 申请费(加元125元或等值人民币)。
- 与护照上规格一致的照片4张(照片必须是近6个月之内的)。
- 资金证明。累积资金证明包括:

第一,家庭过去12个月中在银行的存款单、取款记录或单据(利息票、存折等)原件;

第二,存款证明必须在近2个月之内开具,说明现存于银行的资金(数额根据学校的要求,最好要超过学校所要求的一年的学费及生活费)。

第三,上述资金来源的书面说明。

- 父母双方各自的在职证明包括:

父母所在单位的全名、地址及电话;父母职务、任职时间、过去两年的薪水、

奖金或其他收入。父母年收入最好在15万元人民币以上。

若申请人由父母以外的人提供经济援助，则需要此经济担保人提供资金担保，请附信说明担保人为何提供资金担保，并出具其财力证明。

🍁如父母一方或双方拥有企业全部或部分资产，需要提交一份商业登记公证书以及企业近期的税单和审计报告。

九　经济担保

在申请学生签证的诸多文件中，经济担保证明最为重要。经济担保必须符合以下要求，否则申请难以被接受。

🍁英文版的经公证的担保书。

🍁担保书必须说明担保人愿意支付申请人在加的全部费用，包括学费和申请人留加期间的生活费用。

🍁留学生和临时在海外居住的人无担保人资格。

🍁担保书需附有担保人收入证明、银行证明书、最近12个月的定期存款单或薪金税单、雇主证明书及工资单或企业税单等。

🍁担保人年收入需达到一定的数额，这个数额目前没有统一标准，但要达到一个"可接受"的水平。

🍁担保人若居住在加拿大，须出示加拿大税务部签发的T-452税单或担保人雇主出示的T-4工资表。

🍁担保人如果在美国，则必须提供雇主出示的W-2工资表正本或公证过的副本。

🍁担保人若居住在别的国家和地区，需提供税单的正本或公证过的副本。

🍁担保人材料须声明，过去5年内是否为别的赴美、加或澳大利亚的留学生做过担保。若有，应说明担保学生的姓名和目前行止；若无，也应说明没担保过的事实。

上述所有中文件如果没有同等效力的英文件，必须经过公证（附英文翻译）。

最晚在大学规定的注册日期截止前3个月申请学生签证。申请人要将准备好的相关资料和学生签证申请表按要求递交加拿大驻华使馆。

在学生签证的审理过程中,加拿大使馆会将体检表发给申请人,申请人持体检表到指定的体检机构进行体检。

有的学生签证需要面谈,申请人若接到面谈通知,应按时前往面谈,过时不候。学生签证从申请到最后签发,一般需要6~8周的时间。申请材料的质量和面谈的准备在很大程度上决定签证是否成功。

2008年,加拿大签证申请中心成立,分别设立在北京,上海,广州和重庆,申请学习许可的申请人可以向中国境内的任何签证申请中心提出签证申请,向上述签证中心提出签证申请需要交纳250元人民币作为签证服务费。

加拿大签证申请中心位于:
北京
东城区新中西里13号巨石大厦西区7层　邮编:100027
热线电话:010- 51909834
上海
徐家汇路555号2楼,广东发展银行大厦　邮编:200023
热线电话:021-63901830
广州
天河区体育西路189号城建大厦3楼351室　邮编:510620
热线电话:020- 38898475
重庆
中国重庆市渝中区青年路77号J. W万豪酒店国贸中心3楼3U-6　邮编:400010
热线电话:023-63721388

十　美国、加拿大留学拒签问题的分析

虽然美国和加拿大在申请过程中的某些细节和表格不同,但这只是形式上的不同。申请是否被批准,其本质是一样的。不要忘了,两国的政治、法律制度、经济文化背景、历史传统、价值观和人的思维方式都是大同小异的。

移民留学专家导航

尽管多数的留学签证申请都能被批准，但是也有相当数量的人被拒签，拒签使申请者的留学梦想化为泡影，也使多年的努力付之东流。申请学生签证被拒主要有以下几方面的原因：

第一个原因是材料准备得不规范，或者说没有按照使馆的要求准备全部的材料。要避免这个问题，申请人只要一丝不苟地按照要求准备申请材料就可以了。

第二个原因是申请人提供虚假材料。使馆时常会发现有学生在递交的签证申请材料中提交了虚假材料和虚假信息。例如，刻意提高申请人的学习成绩，将担保人的年收入调到很高等等，使馆对这种提供虚假材料的情况绝对会拒签，没有任何商量的余地。使馆在审查签证申请时十分看重材料的真实性，加拿大的审核机构甚至会派人专门去调查、审核资料的真实性。最近几年，加拿大方面改变了调查方法，更具有突然性和不可预见性。所以，材料要实事求是，不要抱有侥幸心理而耽误了自己的前程。

第三个原因是申请人没有体现出其经济能力达到了使馆的要求。在签证过程

春天来到温哥华

Immigration

第13章 223
留学北美

中，是否有足够的经济能力承担留学费用是使馆首先考虑的要素之一。一般而论，获得足够奖学金者基本上都能够获得批准。如果是自费，申请人如果不能提供强有力的证明，显示他们有足够的资金支持他们在美国或加拿大的生活和学习，或者使馆怀疑银行存款是申请者借来应付签证的，签证申请也会遭到拒绝。

本来是化学博士，又读了个MBA

第四个原因是认定申请人有移民倾向。签证官常常根据以往的经验或某种蛛丝马迹认定申请人在学习期满后可能滞留不归，或在学习期间可能会非法就业等。（以前的法律定义是，想通过留学达到移民的目的即可认定移民倾向。现行加拿大移民法认为，如果只是有移民的愿望和计划，构不成拒签理由；但如果有签证期满非法滞留不归的可能，则签证可能被拒绝。）美国和加拿大都坚决拒签有移民倾向的留学生。尽管在某种意义上来说，加拿大是一个移民政策相对比较开放的国家，但是对于"移民倾向"的留学签证申请是要拒签的。因此，申请者在递交的材料当中，一定要注意各个材料的逻辑性和关联性，尤其是留学的学习计划以及毕业之后的工作计划。申请者提供的学习计划必须是可信的，要表明在学成后回到中国的意愿。有时，由于第三个原因（资金不足），移民官也可能以第四个原因（移民倾向）作为拒签理由（因为申请人可能会非法打工）。

十一　签证面谈须知

面谈前要带齐所需的相关资料。参加面谈要仪表整洁、举止庄重，给签证官留下良好的第一印象。服饰要与自己的职业或身份相符。男士可选择深色西服套装或庄重一些的休闲装，天气较热时可穿衬衫但不必系领带。深色袜子配深色皮鞋。

移民留学专家导航

不要穿短裤、牛仔裤或运动鞋。女孩可穿套裙、连衣裙，也可穿得更休闲（casual clothes）些，但不可招摇或过于华丽。也不要穿半透明或暴露太多的服装。可以化淡妆，甚至不化妆，切不可浓妆艳抹。

面谈时无须紧张。签证官不会故意和你过不去。说话时要面对签证官，眼睛要看着对方，这是西方人习惯的eye contact（当然不用"死盯"）。如果你与某人说话而眼睛看着其他地方，对方会认为你心不在焉，是极不礼貌的。

签证官处理每一个面谈的时间不会太长。你一定要仔细认真地倾听签证官的每一个问题，认真、清楚、肯定地回答每一个问题。如果感到签证官对你的哪些方面不满，可能会拒签时，你可以据理力争，以扭转其想法，争取批准签证。

无论是否能得到签证，在面谈结束时，你都应该有礼貌地向签证官道别。

总而言之，赴美加之路前景既有光明，又有坎坷。北美先进的教育机制和教学能力，能使留学生学有所得。

第14章
特殊事件及与政府对话

自1995年以来,加拿大移民方面,出现了几次大的特殊事件,对中国申请人造成了巨大的影响和冲击。其中包括了加拿大联邦移民法的修订给中国申请人造成的影响。北京加中寰球投资咨询有限公司总裁、资深移民专家孟繁辉和Dwight McWethy,针对移民法规中存在的不合理问题和新法规制定中的错误做法,曾多次与加拿大政府有关部门进行沟通、对话以及通过法律手段,最终使申请程序和法律法规中对中国申请人的不利因素得到消除。其中,最具代表性,或在社会上造成广泛影响的有以下事件:

一 加拿大移民法的"回溯审核"问题

2001年12月17日,加拿大移民部公布了新的移民法规。新法规中,对技术移民的条件比过去苛刻很多,按照这样的法规条例,和以前的标准相比,以前正在排队等待审核的申请,将有约90%的人不再合乎申请条件。最为不合理的是,即使是在此之前申请的案例,只要还没有得出最终结论,也将应用新法进行审核。新法规定于2002年6月28日实施。

根据一般的立法原则,对新法实施之前的案例(即以前的积压案),新法将不

移民留学专家导航

溯及以往。尤其是新法对当事人不利的时候,更不应该溯及以往(即:以前申请的案件应该按照申请之日的有效法律法规执行)。但这次,加拿大移民部不按常理出牌,将对以往的案例进行回溯审核(主要是由于积压案太多了),这样可以把大量的积压案拒掉。

如此,在全世界有近十七万有希望的申请人中的绝大多数将面临被拒签。整个的移民界,一片惊慌。尤其是大量的移民服务机构,将面临大面积赔款。等待他们的将是破产(因为大多数机构都与申请人签订了"不成功,退全款"的协议书。但前期的收款已经花掉了,如果大范围退款,将无钱可退)。

有一些移民公司,见势不妙,纷纷关门,有的干脆一逃了之。但孟繁辉及加中寰球公司在大风大浪面前,沉着冷静,勇挑重担,开始了艰苦卓绝的征程。

自加拿大公布新移民法规以后,加中寰球总裁孟繁辉对新法存在的各种问题和弊端和不合理之处向加拿大政府提出了强烈批评,多次致函给当时的加拿大移民部长伊琳娜·卡普兰(Elinor Caplan)、移民部其他首脑以及所有的国会议员,强烈要求加拿大移民部撤销这个不合理的新的移民法。

2002年,孟繁辉及助手马大卫面见当时的加拿大移民部长卡普兰,要求她收回新法,尤其是要废除新移民法规的回溯性。

但时隔不久,移民部长卡普兰离任,由新任部长丹尼斯·科德尔(Denis Coderre)接替。

孟繁辉及助手马大卫面见时任加拿大移民部长的卡普兰

immigration

第14章
特殊事件及与政府对话

在两届部长继任之时，孟繁辉先生又致函给新部长科德尔，继续批评新法规中的不合理之处，并提出许多建设性意见。这些批评和建议当时在加拿大的若干有影响力的报纸发表。媒体也对孟先生加以重力报道，如《移民顾问质疑移民部》，《移民新法对业界的影响和冲击》等文章。孟繁辉先生的意见得到了相当数量的国会议员和政府要员的支持。其中，加拿大前总理Joe Clark先生给孟先生的回信中明确地表示支持，并希望政府改变做法。加拿大国会议员，新民主党首领Alexa McDonough也在给孟先生的回信中表示认同和支持。

加新任移民部长科德尔于2002年1月29日表示他对实施新移民法规持审慎态度。并表示他将倾听大家的意见，对于某些不合理之处可以进行修改。但在2月26日，科德尔又作出了比较重要的讲话，但并没有遵守前面的承诺，而是继续坚持回溯审核的法规。

新法规将在2002年6月28日实施。根据原来的回溯审核计划，在6月28日之前，如果对2001年12月17日（新法公布）之前申请的案例得不出最终结论的话，仍将应用新法审核，通过线为75分。虽然将回溯审核实施的时间向后推移了，但仍旧对大面积的积压申请人形成巨大的拒签压力。

孟繁辉先生和其他30名加拿大移民律师，在多伦多举办了午餐会。邀请移民部长科德尔参加，在这次午餐会上，众同仁实际上是对科德尔部长进行了猛烈的抨击和围攻。

诚然，通过这次激烈的交锋，部长在某种程度上做了让步。如，对旧的积压案

孟繁辉先生在和移民部长科德尔在辩论

移民留学专家导航

评审的分数进一步松动（采用70分标准）。到那时为止，努力可以说已经取得了阶段性的成果，通过游说政府，已经使非常严重的事态得到了部分的缓解。我们看到了一些成果。第一，回溯审核推迟实施；第二，回溯审核分数的降低，使受到影响的人在影响程度上减低。

加拿大政府虽然做出了一定的让步，但问题并没有从根本上解决。并没有能够让步到完全合理的程度。存在问题仍旧是"回溯审核"。

加拿大政府之所以做出让步，说明他们以前的做法是错误的。既然要改正错误，为什么不彻底改正呢？此时所做出的让步，似乎只是迫于压力。但我们要的是公正与合理。所以，孟繁辉及其同仁继续进行和移民部的较量。

以后，又是一场舆论战，在加拿大各个主要报纸对移民部进行一轮又一轮的猛烈进攻。加拿大国家电视台对孟以及助手Dwight McWethy及其客户进行了专访，在加拿大电视台的黄金时间进行重力报道。

移民部似乎也横下了一条心，在实施回溯审核的立场上再也不退步。在无奈之下，我们采取了比较激烈的行动。孟先生与加拿大著名的移民律师Richard Kurland先生合作，在加拿大联邦法院对移民部进行了一场集体诉讼（即在一个诉讼案中，审核上百个申请人的个案）。

加拿大国家电视台在对加中寰球公司的客户进行采访

在联邦法院的诉讼过程中，新法已经开始实施。移民官大开杀戒，一个接一个的旧法申请人被屈辱地拒绝（甚至不退还他们向加拿大政府递交的申请费）。大家眼睁睁地看着，似乎毫无办法阻止这些。

可喜的是，通过法庭上不懈的努力，我们终于赢得了历史性的胜利！2003年初，加拿大联邦法院通过了一项判令（Injunction），认定《移民法》的回溯是不合法的！是无效的！并且，已经由于新法回溯审核造成的冤案，都可以翻案！都将按照其申请时的旧法实施评审。由此，数万受到影响的申请人获得了签证，由于复得了自己失去的权利而扬眉吐气了。这一场旷日持久、惊心动魄的战斗也由此圆满地画上了句号。

加中寰球公司的主要负责人在关键时刻，为了公义，为了社会责任，挺身而出，不惜花费自己大量的时间、精力和金钱，肩负重任，力挽狂澜，最终获得了胜利！

孟繁辉和著名大律师Richard Kurland先生

二　加拿大工程师协会风波

按照加拿大政府2002年6月28日以前的规定，凡是作为工程师类的申请人申请技术移民时，要经过加拿大专业工程师协会（Canadian Council of Professional Engineers，CCPE）对其工程师资格进行评估认证。自1998年9月至1999年2月的一段时间里，相当大一批中国大陆的赴加定居申请人由于没有通过所谓工程师资格认证而面临被拒签的困境，波及了整个中国大陆的相关申请人。很多人面对巨大损失而不知所措。

第一，风波的起因。在1998年9月左右，CCPE对绝大多数的中国大陆大学颁发的学历不再认可。理由是，大陆大学生（尤其是1990年以前入学的大学生）在入学之前，绝大多数人没有满足曾受12年的正规中小学教育的要求。由此，包括大学教育在内，受教育时间不满16年的一律否决。在前后的几个月中，中国申请人被否决的现象频频出现。这种现象在以前是没有的，因为CCPE以前理所当然地认为中国大学生都经历了12年的正规中小学教育。CCPE由于偶然的原因发现了中国的这种特殊历史现象而突然改变了态度。很多人由于中小学一共读了11年而遭到否决。这突如其来的变化使得中国大陆的申请人陷入僵局及恐慌。有超过一半的已经进入审核程序的申请人面临被拒签。此事影响面广而且非常棘手。这就是风波的由来。

第二，行动和对策。在这种情况下，加拿大的一些专业机构试图游说CCPE，使其承认此类学历。曾经有人提出过不同方案，如，要求CCPE来中国教委考察中国的教育制度和教育质量等，但CCPE认为如果把中国的教育质量进行充分研究需要两三

移民留学专家导航

年的时间，不具有可操作性。当时形势紧急，时间不容拖延。鉴于此，公司总裁孟繁辉和他的助手Dwight McWethy，在重点研究加拿大相关移民法规的基础上，结合中国的国情，提出一项建议：要点是中国大陆的大学生是经过严格的考试制度选拔进入大学的，即使很多人在中小学没有读满12年，但他们也已经达到了北美的高中毕业水平。公司以高考制度为突破口，要求CCPE对中国的高考试题进行研究评估，由此确定中国大学生入学时的资格水平。最终CCPE采纳了本方案，并委托我们向其提供了中国大陆自1977年恢复高考制度直至1998年的所有有关科目的高考试题。

这一方案的提出，充分体现了公司加籍移民顾问的专业素质和分析问题解决问题的能力。就像为申请人解决申请过程中的每一个问题一样，理解事件的本质和找出问题的关键点是通向成功的钥匙。应该明白，CCPE是按照加拿大的标准来衡量移民申请人的资格的。其否定中国大陆的某些大学毕业文凭的根本原因是认为这种教育体制下的大学毕业生达不到加拿大标准。这时，一味地强调中国特殊的国情，强调文革的历史原因等，只能使CCPE更加有证据说中国的教育体制与加拿大不同，反而支持了CCPE的否定态度。而且，CCPE在没有明确计划的前提下很难采纳来中国进行系统考察教育体制等建议。如果从试题出发，能研究证明中国通过高考录取的学生之质量与加拿大的高中毕业生之知识水平及能力相当，就证明了中国大学生在入学时合乎加拿大大学入学标准(加拿大大学入学录取主要看中学成绩单而没有类似于中国的统一高考)，从而就证明了不存在其担心的中国大学毕业生的质量问题。当然，必须指出的是，在公司与CCPE多轮商榷的过程中，得到了CCPE的负责人Pascale Bourassa的大力支持及合作，才使得事情得以顺利进展。

第三，圆满结局。由此，CCPE组织了有关专家，对试题进行了几个月的翻译、研究、审核、撰写报告，终于在1999年2月12日得出结论，认可了中国这种特殊背景的大学入学资格，从而也就认可了有关的大学学历。这场令中国数万申请人陷入困境的风波总算平息了。

CCPE负责人Pascale Bourassa在给公司总裁孟繁辉的致信中，高度评价了加中寰球总裁孟繁辉在此事件风波中所做出的贡献。

对于几个月以来已经被CCPE拒绝资格的申请人，CCPE决定为这些"冤案"平反。申请人可以获得一次重新评审的机会。由此，一场关系到数万人的风波得到了圆满的结局。

第15章 申请注意事项

一　如何选择专业的代理公司

申请加拿大移民的过程是一个按照加拿大法律对申请人资格进行审批的过程，所以，申请材料都要严格按照不同的移民法规和不同的项目要求来准备，否则将会造成事倍功半、劳民伤财以至误入歧途的结果。鉴于申请加拿大移民的操作过程具有很高的技术含量，申请者在申请移民前，选择一家优秀的专业移民代理机构至关重要。优秀的移民顾问不仅需要熟悉移民法规，准确地解读各类移民条款的确切含义，帮助申请人分析自身有利和不利因素，制定申请的最佳方案，而且在申请过程中和移民官进行交涉，甚至纠正移民官的不当处理和失误，最大限度地维护申请人的利益。在中国境内，鉴别一家加拿大移民中介服务机构是否专业，至少应具备以下基本条件及特征：

🍁 具有中国公安部批准的《因私出入境中介机构经营许可证》，确认其为具有专业从事加拿大移民定居业务资质的机构。

🍁 有经验丰富、持有加拿大移民顾问监管协会或律师协会证书的移民专家亲自为客户进行从头至尾的服务，随时为申请人提供全程的法律支持（加拿大移民法规明确规定，专业移民业务的代理人必须是移民顾问监管协会注册会员、律师协会注

设计独特的多伦多电视台办公楼

册会员及法律助理、或魁省公证员。加拿大政府拒绝接受任何其他人的代理。任何其他人的咨询代理服务均被列为刑事犯罪）。

🍁在加拿大境内具有与之合作的合法专业移民公司。此公司不但能够处理正常的移民业务，而且有能力与加拿大政府相关部门以及专业协会进行沟通，及时把握加拿大移民政策的最新消息和动态，保障申请人的权益不受侵犯。能够为客户登陆以后提供相应的安置服务。

🍁在国内有较长的从业背景，特别是专业办理某特定国家移民业务。这样的公司一般都有较丰富的办案经验和迅速准确的信息来源，熟知不同类别移民的要求，同时还要熟悉移民审核的过程和工作惯例。

🍁公司从业人员具有良好的职业道德，实事求是的办案精神和高度的责任感。任何标榜自己公司和某移民官有关系、有特殊渠道的说法，都是对申请人的误导。因为加拿大政府决不允许走后门，而那些怂恿及帮助申请人做假材料的公司，最终的结果必将是害人害己。

二　关于 C-35 法案

加拿大国会宣布实施的C-35法案自2011年6月30日开始生效。该法案主要是针对加拿大移民服务的代理资质设立了极其严格的规定。法案规定，为移民申请人提供有偿服务必须拥有加拿大法律的授权。任何没有授权的人如果为移民申请人提供有偿咨询或代理服务，一律定义为刑事犯罪。

所以，申请人在选择代理顾问的时候，一定要查验代理人的执业证书。如果服务是由非授权的人员提供的,而最后由某个合作的授权代理人签字,这种方式也是违法的。

笔者是加拿大最早持有CSIC执照的授权代理人。根据C-35法案的要求,在2011年6月30日以后转为ICCRC持照会员,是加拿大移民法指定的授权代理人(Authorized Representative)。

孟繁辉的ICCRC持照会员证书

三 北京加中寰球投资咨询有限公司的服务

北京加中寰球投资咨询有限公司,是国内第一批公安部批准的因私出入境中介机构,行业许可证为京公境准字[2007]0002号;是北京因私出入境中介机构行业协会会员单位。公司多年专业从事加拿大移民业务,在客户和同行业中树立了良好的信誉和口碑,被评选为"中国行业十大影响力品牌"。2011年9月,被中国的权威媒体《中国贸易报》、《经济》杂志、《中国产业报》、中国经济新闻联播网及全国商报联合会、中国国际交流促进会、中国经济创新发展联盟等联合评为"中国移民中介服务公众满意最佳典范品牌"。

公司拥有一支资深的专业顾问队伍,他们谙熟加拿大移民法规及政府工作惯例,与加拿大政府有关部门和专业协会保持着直接密切的联系,总是掌握最新信息。公司的主要业务涉及投资移民、省政府提名的企业家移民、自雇移民、技术移民、亲属团聚移民、访问签证和与加拿大出入境相关的其他服务。公司秉承严谨的工作态度,对每一位委托人的具体情况都会做出详细的分析指导。严把材料关,使其准确详实地反映申请人的实力,从而保障申请的成功率。在多年的工作中,除了帮助本公司的众多客户成功获得移民签证外,每年也多次接纳一些濒临拒签或已经拒签的案例,帮助他们获得成功。

北京加中寰球投资咨询有限公司的办案原则及特点体现在如下几方面:

移民留学专家导航

🍁 由移民法授权的加籍资深代理人亲自办案,保证每一例申请稳妥可靠,成功率高。公司外籍专家十多年来常驻北京工作,亲自审核、处

加中寰球公司的奖状

理客户材料,保证申请材料的规范、准确和充实。公司个案成功率长期保持在99%以上。2002年6月新法规实施后,公司技术移民申请成功率达到100%。

🍁 最大限度地创造条件为申请人提供免面试的机会,从而缩短申请周期,减少申请过程中的麻烦。依据多年的从业经验,公司从前期评估、分析、制定申请方案、准备详细材料到后期解决申请过程中随时有可能出现的问题,都有一整套完备的工作程序。从而创造了技术移民申请最快建档后19天即接到使馆的免面试体检通知的历史记录。

🍁 公司擅长接收各类被拒签案例。由于种种原因导致申请案例被拒或遇到特殊困难,是移民申请中经常遇到的情形,这类案例有一部分是由于提供了不真实的申请材料造成的;也有一部分是申请人接受了不专业的服务导致失误造成的。对这样的案例,公司专业人员都会具体问题具体分析,找到问题的症结,对症下药,使问题迎刃而解。对有些不合理的被拒案例,公司可以协助申请人重新申请或帮助申请人通过加拿大法院提起诉讼。

🍁 公司有一支稳定的职工队伍。公司所有员工都持有《北京因私出入境中介行业从业人员培训证书》,80%的员工在本公司都有10年左右的工作经历,工作中积累了丰富的办案经验。这一方面体现了公司的凝聚力,更重要的是能保证申请人在较长的申请过程中不会由于客户经理频繁变动而影响申请质量。

经过多年不懈的努力和自洁自律,北京加中寰球投资咨询有限公司及其加籍授权代理人不但在国内客户及签证处保持了良好的信誉度,而且与加拿大政府的相关部门建立了完善的沟通渠道。公司不仅能与有关政府部门进行正常的交流,还在一些重大决策上与政府及权威机构进行有效的对话并参与决策。十多年来,公司的专业律师和移民顾问曾多次与加拿大政府及相关机构对话,在关键的时刻力挽狂澜,帮助许多中国申请人化险为夷。这充分证明了本公司所具有的专业品质和高度的社会责任感。

关于具体申请事宜,请登录 www.gotocanada.com.cn

附录

美国EB-5投资移民项目

一 EB-5移民项目的由来和发展

根据美国《移民和国籍法》（Immigration & Nationality Act）第203(b)(5)节的定义，美国国会早在1990年就设立了以促进美国国内的就业为目标的第五类特惠移民签证（Employment-Based Fifth Preference, EB-5）。根据该条款，美国政府每年有1万个名额（包括主申请人和随行家属）给那些来自世界各地的寻求美国永久居民身份的人，要求他们在美国投资建立或入股企业，并且其新的企业对美国的经济有好处，能促进就业。

最早关于的EB-5移民的法案，要求每个投资者在美国的投资金额为100万美金或以上，直接创造20个长期的就业机会；但在高失业率地区或称目标就业区（Targeted Employment Area, TEA）只需要投资50万美金，直接创造10个长期的就业机会即可。

但由于其要求太高，制定的标准难以实现，多年来并没有像所希望的那样吸引到很多的人来美国投资。为了使法案更有可行性，有效地吸收国外投资来发展美国经济，并且能够促进经济欠发达地区和高失业率地区的劳动就业，该法案自出台以来，国会对其进行了不同程度的多次修订。

在1993年，美国国会实施了"区域中心（Regional Center）"试点计划。该计划

移民留学专家导航

为外国投资者预留了3,000个EB-5类移民名额，允许外国企业家通过对经过美国移民局审批通过的指定区域进行投资，从而得到美国绿卡。条件是：在指定的区域中心投资100万美金，或在某些高失业率地区（TEA）则只需要投资50万美金；但外国投资者必须证明其投资至少直接或间接地创造了10个就业机会。

2008～2009年，美国爆发了历史上最严重的次贷危机。随着危机的日益恶化以及经济的低迷，美国国会对新审批的EB-5区域中心要求做出调整。区域中心设立在人口低于2万的城镇或偏远地区及失业率超过美国平均失业率50%的目标就业区（TEA）。对区域中心的每个移民（以家庭为单位）所需的投资资金又作了相应调整：第一，投资额度降低为50万美金；第二，直接或间接创造十个长期就业机会。所以，在2009年之后审批的区域中心的移民名额都要求投资50万美金，而不是100万美金。如此，美国EB-5移民项目又一次降低了门槛。

值得指出的是，虽然投资和就业责任的门槛一降再降，有一条却是始终没有松动的，即美国移民法要求投资者必须自己承担全部的投资风险。既然是投资，就要按照投资经营的规矩来办。从反方向说，美国移民法对于EB-5投资移民项目是不准许项目方对投资人有还款或赎回本金的保障的。如果有这样的条款，投资人的移民申请是不会被批准的。

当然，为了吸引投资，很多项目都在采用一些手段使投资者对收回其资金更放心。例如，有的项目建议投资人在保险公司对这笔投资进行保险。当然，投资者是要为这种保险行为支付更多金钱的。这种属于第三方保险的做法应该与美国移民法不矛盾。也就是说，这不应影响投资移民的审批。当然，即使买了第三方保险，也要看担保方的信誉、保险方式等等很多具体情况，也并不能说明就彻底没有风险了。

区域中心的审批都是由移民局根据各州的实际人口分布和就业状况来评估的，一般是在美国人口不超过2万人的小城镇，或者是偏远地区及目标就业区。政府设有区域中心专业评估机构，根据具体上报的区域中心项目来综合评定的。具体的区域中心项目的移民名额是根据当地失业率、本项目能够创造的直接、间接的就业数目等而综合评定的。项目在审批通过的同时就提前预留名额给了投资人申请。区域中心的设立以及中心所运营的项目都要接受美国移民局的审核及跟踪监管。

常见项目的经营管理一般由开发商外包给了专业的管理公司运作。移民局要求开发商承担项目经营的风险，即如果项目经营期间出现亏损，由开发商负责，

附录
美国EB-5投资移民项目

投资者不用再追加额外的投资。而经营收益则会按照投资人与项目签订的协约规定分配。

近几年来,在美国建立的EB-5项目越来越多。区域中心及申请人数量激增。在2007年的时候,只有17个区域中心,截至2011年9月,区域中心数量便增加到了173个。

此类移民也是"一人投资,全家移民"。即投资人、其配偶和未满21周岁之未婚子女均可以同时申请移民。

然而,EB-5类别的申请如果成功,投资者获得的移民签证是临时性的。申请人获得移民签证之后还需度过至少两年的有条件绿卡期。在这两年,有条件绿卡身份给予EB-5申请人和获得无条件绿卡的申请人享有一样同等的权利。但两年以后,申请人必须通过"取消条件"的审核,否则,已经到手的临时性绿卡会丧失。所以,美国EB-5投资移民的申请要经历两个主要阶段:一是有条件绿卡的(I-526)申请;二是取消条件,获得永久绿卡的(I-829)申请。

跨越美加边境的彩虹桥

二 美国EB-5项目的完整申请程序

（注：此程序只适用于在中国境内的EB-5申请人）

```
选择EB-5投资项目，办理相关的手续
          ↓
递交申请材料（I-526）至美国移民局
          ↓
美国境内的移民局批准（I-526） → 或被拒绝
          ↓
文件转到美国驻广州领事馆，等待排期
          ↓
完成体检，体检结果通过 → 或终止
          ↓
广州领事馆面谈，核发EB-5移民签证 → 或被拒绝
          ↓
登陆美国，领取有条件的绿卡
          ↓
2年期满前90天之内提交解除条件申请（I-829）
       ↙           ↘
取消条件，获得永久性绿卡    或没能取消条件，绿卡作废
```

注：如果有条件绿卡作废，除非申请人可以通过其他的合法途径继续留在美国，否则必须离境。

三 临时绿卡的申请条件和要求

1. 对投资项目的要求

根据实际投资的情况,EB-5从形式上可以分为以下几种类型:

(1) 创立一家在美国境内任何地方的公司(没有地理位置的限制)

🍁投资金额要求100万美圆。

🍁为美国公民、永久居民或其他合法在美务工人员提供10个直接的就业机会(投资人及其直系亲属除外)。

🍁参与新建公司的日常管理。

(2) 在政府批准的区域中心项目投资

🍁投资金额要求50万美圆。

🍁为美国公民、永久居民或其他合法在美务工人员提供10个直接或间接的就业机会(投资人及其直系亲属除外)。

🍁在区域中心的项目中,投资人作为普通有限合伙人,委托项目的管理合伙人进行项目的运营和管理,投资人不参与公司的管理。

(3) 投资给经政府批准的,可接受投资移民投资的濒临破产的企业

🍁投资金额要求50万美圆。

🍁要求其至少维持被投资企业接受投资前的就业情况两年不变。

🍁参与新建公司的日常管理。

在中国大陆,基本上所有的EB-5申请人都属于第2类。投资50万美圆至区域中心项目。但不管哪种类型的EB-5,都要求申请人从登陆开始到满2年时,其投资的企业仍旧正常运转,并且持续维持所约定的就业位置数额。

2. 对申请人的要求

EB5项目对申请人的资格条件制定得相当宽松,投资人无须受任何商业背景、年龄、教育程度以及语言能力的条件限制,只要证明其投资资金的来源合法即可。

🍁投资人必须年满21周岁。

🍁投资人不必有高学历、经商或工作经验的背景。

🍁投资人必须拥有通过合法途径取得的50万(或100万)美金的资产证明。

移民留学专家导航

- 投资人必须已经或正在积极投入规定的投资金额。
- 投资人身体健康，无犯罪记录。
- 随行子女不能超过21周岁，未婚。

3. 对申请材料的要求

I-526申请表

每份申请都需要填写I-526申请表。

每份完整的申请都必须提交商业计划书，计划书中必须含有移民局认可的IMPLAN（创造就业模型）。此计划书和创造就业模型同投资者的申请一并提交审批。

虽然美国投资移民在个人资产来源的审核上没有加拿大投资移民那么严格，但是其投资的50万美金依旧必须是个人合法所得，并出具有效的证明材料（包括但不限于：公司注册材料、各种企业税票和个人所得税票、审计报告、银行记录、财产评估、业务合同等等）。此资金不要求要通过自己经营企业所得，也可以是继承、借贷或赠与。资产来源可以包括各种合法途径（不同的情况出具的证明材料也不相

巨头鸟

同）。通常的资产来源见于以下类型：

公司红利：私营企业主通过公司营利而获得利润分配，是美国投资移民最常见的合法资金来源。这里要特别注意的是，虽然公司营利了但没有分红，私营企业主不能用那笔钱来直接投资移民。如果申请人想办理投资移民，他需要先在公司里做分红手续，在缴纳企业所得税、个人所得税后，把盈利存入自己的私人银行账户。这样，从私人账户投资到美国的钱才算数。如果投资款从投资人公司的账面直接转到投资项目，美国移民局会以公司和股东是分离的法律主体为由而拒绝投资移民的申请。

工资及奖金：工薪阶层人士可以通过税单来证明投资款的合法途径。美国移民局一般要求提供最近五年的个人所得税记录。

赠与：赠与常发生在父母与子女之间。经济状况好的父母可赠与子女一笔资金为其申请投资移民。赠与的款项也可以来自其他人。通过赠与得到的投资款首先需要有赠与人签署的赠与承诺书，同时，还要提供赠与人的财务背景材料，证明赠与人的资金的来源是合法的（也需要赠与人的报税单、工资证明等。其证明程度相当于赠与人本人办理投资移民申请一样）。此外，赠与人还要出具书面文件说明为什么要赠送这笔钱给被赠与人。对于孩子年龄超过了21周岁，或父母没有意愿移民美国的，赠与投资款让子女办理移民是一条有效变通的途径。

继承：和赠与一样，通过继承得到的钱当然是合法收入，当然可用来申请投资移民。不过，仍旧需要证明去世者是如何得来这笔款项的。因此，投资人需要提供一系列文件，例如：遗嘱、死亡证书、继承人和去世者的关系、去世者生前的财务背景、银行证明、或法院文件等。如果继承发生在很早以前，证明材料丢失或不存在，投资人和其他有关亲属可以通过证词来证明继承的财产的合法性。

贷款：投资款可以是借来的。借款有多种形式。例如，通过投资人对其他财产的抵押，在银行贷款得到的钱可以申请投资移民。如果是通过抵押贷款来的钱，投资人必须提供有关抵押贷款的文件，例如贷款合同，有偿还期限和条件等。

股票和其他投资收益：股票收益应该是比较简单的证明文件。只要你打出历史的交割单，能够看出股票的增值过程以及现值，就可以当做证据。当然，你如果没有保留历史性证据，现在已经不能找到以前的增值过程，证明就变得很困难。即使你打出了反映增值的交割单，如果股票投入的原始数额较大，投资人还需要出具文件证明当初投入股市的原始资金的合法来源。

其他投资收益（各种理财产品等）也要出具类似的证据。

房产买卖收益：在中国大陆，房子的增值是普遍现象。很多年前用很少钱购置的房产，现在都有几倍到几十倍的增值。在很多城市，出售一套房产就够投资移民的50万美圆。投资人需要提供房屋产权证和房屋出售的所有证明文件。

其他可接受的财产：甚至买彩票中奖所得到的钱财也可以作为投资移民的合法财产来源。关键在于其合法性。

四 临时性绿卡的取消条件

1. 取消条件的申请

申请美国投资移民EB-5成功，可获发两年期有条件的移民签证。两年届满前90天内应提出申请取消条件，若移民投资者的投资行为已经维持就业的状态仍存在，即可"免除条件"，而成为永久居民。

如果在到期日的90天之内没有递交取消条件的申请，则自动进入绿卡作废和对持卡人驱逐出境的程序（除非有非常可接受的未提交申请的理由，还可以有一次补交材料的机会）。一旦绿卡被废除，申请人连上诉的机会都没有。

取消临时性绿卡的条件主要取决于其投资的项目是否能够运行良好，持续地创造10个直接或间接的就业机会。如果企业运作出了问题（如市场、财务等），不能使企业连续维持就业，则不能取消条件。换句话说，这正是EB-5项目的风险所在。如果企业运营出了问题，不但投资可能血本无归，绿卡也随之泡汤。结果是身份、投资都打水漂了。

2. 关于未独立子女

如果I-526被批准了，配偶和未满21周岁的未婚子女都可以得到同样的有条件绿卡。即使在等待取消条件的过程中孩子超过了21周岁，到了取消条件的时候，配偶和孩子也可以和主申请人一样申请取消条件。

3. 取消条件的申请材料及面谈

申请人填写I-829申请表。同时递交的材料还有：申请人已经投资建立了企业，并正常运转的证据。入境的两年中，企业一直维持提供相应的就业位置（材料包括但不限于：企业注册证明、投资及维持公司运营的证明、联邦报税的文件及季度税务报告、审计报告、银行对账单、各种发票、业务合同、雇佣证明、员工工资单、保险证明和扣税记录，等等）。

在递交取消条件（I-829）申请时，申请人可以不在美国境内。但如果需要参加政府安排的面谈，申请人及其配偶和孩子都应该带着要求的文件进入美国参加面谈。当然，移民主管如果认为没有必要，有权免掉这样的面谈。

4. 不能取消条件的后果

如果I-829取消条件的申请被批准，申请人就可以获得永久有效的绿卡（同时向政府交还以前的有条件绿卡）。当然，在某种特殊的情况下，取消条件的申请可能

在北美人与自然和谐相处。在路边可以看到成群的野雁。

被推迟。即：虽然当时不是100%满足条件，但可能经过调整能够满足条件等等。但若申请被拒绝，申请人以前的有条件绿卡随之作废。如果没有取消条件，申请人是不能上诉的。

五　EB-5投资移民的风险

美国EB-5投资移民有风险。

根据美国移民法规，投资者必须承担相应的投资风险。否则，就不能满足投资移民的条件。这是法律上的硬性规定。具体地说，投资人应该注意到如下风险：

1. 商业经营的风险

🍁项目方缺乏实际的运作经验。绝大多数的投资项目都是新项目，没有实际经营的历史。项目管理方只是由于项目的存在而存在。由于没有实际的运转过，项目管理方对项目的前景和表现只能做出预测而拿出的数据也只是分析报告。而我们都知道，数据和预测一般和现实的情况是不会完全吻合的。

🍁对盈利能力的预测。既然项目管理方没有实际的经营历史，自然也就拿不出诸如资产负债表或损益表等衡量项目盈利能力的数据。项目管理方能拿出来的发售通函（Offering Circular）提供了对项目前景的预测，但是投资人不能依赖这些预测数据来对项目进行评估。

2. 地产运作的风险

目前的EB-5投资项目中有相当的部分是投在房地产上面的。这样的有限合伙人投资自然也包括不动产投资所带有的风险，其中包括：全美或地方性的经济动荡；过度建设导致地产供过于求；本来就脆弱的房地产的吸引力降低；失业导致房地产需求减少等因素。但不论何种因素，都可能导致有限合伙人不能按照原计划实施兑现。有的房地产项目通过租金维持运转，有可能出租困难或由于各种原因使租金收入减少，而维持地产的花费（维护及各种税费）却无法降低。另一方面，由于成本上升，项目管理方可能会面对资金不足的状况。这种情况下项目方有可能通过募集更多资金来解决问题，但这样的结果可能造成恶性循环。

3. 投资项目未来市场价值的风险

🍁 对于某一项目而言，比如房地产项目，没人能保证该项目能按预期升值。投资项目价值的波动取决于很多因素，包括所在地的总体经济活力，利率及税率的变化等等。一个有限合伙人投资项目一旦需要额外的资金，项目管理方就可能需要投资人追加额外的投资或用现有投资作为杠杆进行借贷。如果由于各种原因导致无法偿还贷款，项目管理方有可能不得不出售该产业以偿还投资人的借款。

🍁 退出机制的风险。

很多EB-5项目缺乏退出机制。虽然经常听说5年后可以退还本金，但此类项目的股权流动性很低。有限合伙人不能轻易出售也不能作为抵押品申请贷款。

4. 监管机制及诚信风险

🍁 投资人缺乏对项目的实际管理权。也缺乏对管理合伙人的法律约束。法律规定管理合伙人为普通投资人的受托人，负责对投资项目的管理。在现有的法律规定下，只要没有证据说明管理合伙人是恶意造成重大损失，他们就不需要为损失承担法律责任。作为有限投资人，EB-5投资人无法参与项目的管理或否决管理合伙人的决定。

🍁 在这种前提下，投资人除了相信管理合伙人的能力以外，还只能依赖管理合伙人的诚信。如果他们不诚信，就会凸显制约手段的缺失。

🍁 潜在的利益冲突。你的投资项目的管理方可能拥有多个经济实体，其中不同的实体之间可能有关联关系。这种情况下难免导致各个项目或实体之间的利益冲突，从而对EB-5投资人的利益造成影响。

5. 外汇兑换率的风险

今天的50几万美圆都是用300多万人民币兑换的。到了若干年之后，如果人民币升值，即使你的美圆退回来，折合成人民币也缩水了。当然，如果若干年之后人民币发生贬值，你可能还会赚一笔。但是，根据目前的国际国内经济情况预测，美圆与人民币汇率的大趋势是人民币升值。所以，这种风险可以说是显而易见的。

6. 绿卡作废的风险

一旦由于任何原因发生了投资风险，继之会直接影响到项目的正常运营和就业的维持。这样就会直接影响到投资人解除条件。如果I-829申请没有获批，绿卡身份随之报废。取消有条件绿卡主要取决于投资是否能够创造并不断维持10个直接或间接的就业机会。如果在取消条件申请时项目运转出了问题，就有可能取消条件的失败。那么，可能会造成收不回投资和绿卡丧失的双重后果。

附录 美国EB-5投资移民项目

鉴于EB-5投资的较高风险性，建议符合下列标准的投资人考虑这种投资方式：
- 有持续的高收入和较高的资产净值。
- 有可以承受投资风险的心理能力和财政能力。
- 有过一定的投资经验。
- 不需要动用该笔投资款作为流动资产。

六 移民监问题

对于美国投资移民的居住问题，很多移民中介打出美国移民只需每半年入境一次的宣传噱头，其实这种说法是不负责任的，实际上美国移民局还是要求移民申请人长期或者经常性地居住在美国。长期不在美国居住也有可能导致投资人失去所获得的永久居民身份。

移民加拿大，构筑新的家。

连接美洲与亚洲，连接梦想与现实，北京加中寰球投资咨询有限公司愿成为您实现梦想、踏上美洲的桥梁。

深秋时节，加拿大的国土上一片流金烁彩，层林尽染的枫林将国旗上那一片红叶映照得更为绚丽夺目。如果说秋是一年中最美的一季，加拿大就拥有这个星球上最醉人的秋色。我公司愿伴您走进枫叶的故乡——加拿大，帮助您描绘绚丽的未来。

北京加中寰球投资咨询有限公司联系方式：
地址：北京市西城区西直门南大街2号成铭大厦C座1806室
邮编：100035
电话：010-66518801 /2 /3 /4 /5 /6
传真：010-66518807
网址：www.gotocanada.com.cn
E-mail: visa@gotocanada.com.cn